Haben Sie schon oder zögern Sie noch? Sich Schadenersatz dafür zu holen, dass man Sie beim Kauf Ihres Autos bei den Abgasen betrogen hat?

Wie geht es Ihnen, wenn Sie hören, dass Ihre Schicksalsgenossen jenseits des Atlantiks vom VW-Konzern bis zu 10.000 Dollar auf das Konto bekommen haben - allein für die Tatsache, dass sie betrogen wurden?

Mehrere tausend Euro sollten auch bei uns drinnen sein.

Doch VW mauert. Zumindest solange, bis alle nicht eingeklagten Ansprüche verjährt sind. Die Chance zu gewinnen steigen jedoch mit jedem Tag, mit dem neue Geständnisse und Beschuldigungen verhafteter Manager oder von Kronzeugen auftauchen.

Oder fahren Sie Autos mit einem besonderen Stern, der bald an Glanz verlieren könnte? Dann sind Sie bei uns richtig. Denn wie es scheint hat sich eine ganze Industrie gegen Kunden und unsere Umwelt und Gesundheit verschworen. Deutsche Behörden haben versagt.

Ein neues Gesetz eröffnet VW-Geschädigten in Deutschland erstmals die Chance auf Entschädigung - ohne persönliches Risiko und zusätzlichen Geldeinsatz. Auch Geschädigte aus Österreich sollten diese letzte Möglichkeit wahrnehmen können. Wir zeigen wie. Schritt für Schritt.

Unsere Botschaft an Sie: Werden Sie aktiv und handeln sie rasch. Das Zeitfenster ist bei den Fahrzeugen des **VW-Konzernes** nur von **1. November 2018 bis 31. Dezember 2018** geöffnet, vom Inkrafttreten des Gesetzes bis zur Verjährung Ihrer Ansprüche. Ziehen wir Herbst- und Weihnachtsferien ab, wird es verdammt knapp.

Infos auch auf **www.verbraucherschutzverein.at**.

Peter Kolba / Lydia Ninz im August 2018

Peter Kolba

war 26 Jahre Bereichsleiter Recht im Verein für Konsumenteninformation (VKI) und hat im Herbst 2015 eine Sammelaktion in Sachen VW-Skandal eingeleitet (www.verbraucherrecht.at); es haben sich 28.000 Interessenten gemeldet. Peter Kolba hat Ende Jänner 2017 den VKI auf eigenen Wunsch verlassen und im Frühjahr 2017 die Plattform für Sammelklagen COBIN claims (www.cobinclaims.at) mit aufgebaut.

Peter Kolba war ab 8. November 2017 für sieben Monate (interimisterischer) Klubobmann und Sprecher für Bürgerrechte der Liste Pilz im österreichischen Nationalrat. Nach Zurücklegung von Funktion und Mandat per 31. Mai 2018 ist nun Peter Kolba Obmann des österreichischen Verbraucherschutzvereines (www.verbraucherschutzverein.at).

Peter Kolba ist Autor des Buches „Davids gegen Goliath – Der VW-Skandal und die Möglichkeit von Sammelklagen" (mandelbaumverlag, Wien 2017) und betreibt die Web-Site

http://www.davids-gegen-goliath.at/

Lydia Ninz

war 23 Jahre Wirtschaftsjournalistin (Krone, APA und Standard), neun Jahre Leiterin der Öffentlichkeitsarbeit und Interessensvertretung beim Automobilclub ARBÖ, drei Jahre ARBÖ-Vorstandsvorsitzende und Generalsekretärin. Sie ist seit 2014 wieder als Journalistin und Verkehrsexpertin aktiv mit eigenem Blog (www.lydianinz.at) und Schwerpunkt auf VW Dieselskandal. Mit einem Tiguan ist sie selbst betroffen vom VW-Skandal. Seit 2017 leitet sie als Geschäftsführerin die AJOUR GmbH - Arbeit für JournalistInnen.

Peter Kolba / Lydia Ninz

Diesel-Schäden

Wie Sie sich zur Wehr setzen können!

1. Auflage

Herausgeber: Verbraucherschutzverein
(www.verbraucherschutzverein.at)
AutorInnen: Peter Kolba / Lydia Ninz
Umschlaggestaltung: Peter Kolba
Lektorat: Univ. Prof. Dr. Helmut Kasper/
Mag. Barbara Himberger-Kolba

Druck und Vertrieb im Auftrag der Autorin/des Autors:
Buchschmiede von Dataform Media GmbH, Wien

www.buchschmiede.com
ISBN: 978-3-99084-131-0 (Paperback)
ISBN: 978-3-99084-132-7(Hardcover)
ISBN: 978-3-99084-133-4 (e-Book)

Printed in Austria

Inhaltsverzeichnis

Kapitel 1 - Chronologie eines Mega-Skandals

Wie und warum der Volkswagen Konzern (VW) in den USA bei Abgastests Behörden und Kunden getäuscht hat und wie daraus ein Mega-Skandal für die gesamte Autobranche wurde.

1.1 - Der „Schwarze September" für VW in den USA

Am 15. September 2015 glänzte der mächtige VW-Konzernchef Martin Winterkorn bei der Automobilmesse in Frankfurt noch in gewohnter Selbstherrlichkeit. Eine Woche später, am 23. September 2015, war er als Vorstandsvorsitzender des Konzerns Geschichte. Sieben Jahre und 9 Monate hatte der bullige Ex-Tormann die Geschicke des Weltkonzerns gelenkt, bevor ihn der „Dieselskandal" abrupt aus dem Chefsessel schleuderte.

Öffentlich gemacht wurde der „Dieselskandal" von der amerikanischen Umweltbehörde Environmental Protection Agency (EPA). Sie warf am 18. September 2015 dem deutschen Autobauer vor, mit einer illegalen Software („defeat device") die Messung des Schadstoffausstoßes seiner Fahrzeuge am Prüfstand zu manipulieren. Zunächst war von 482. 000 Diesel-Fahrzeugen der Marken VW und Audi in den USA die Rede, darunter Jetta, Golf, Beetle und Passat. VW drohten Strafen von über 18 Milliarden Dollar. Die VW Aktien rasselten in den Keller.

Vier Tage später musste Volkswagen offiziell zugeben, dass es weltweit 11 Millionen Fahrzeuge sind. Jetzt ging es Schlag auf Schlag: Die VW Aktien brachen weiter ein. VW stoppte den Verkauf von Diesel-Pkw in den USA. Der deutsche Verkehrsminister Alexander Dobrindt beauftragte das Kraftfahrt-Bundesamt (KBA) mit speziellen Nachprüfungen bei Dieselautos von Volkswagen und anderen Herstellern. Zudem setzte er eine Untersuchungskommission ein. Volkswagen erstattete selbst Strafanzeige gegen „unbekannte Täter" bei der Staatsanwaltschaft Braunschweig wegen des Verdachts auf Gesetzesverstoß im eigenen Haus.

Die Staatsanwaltschaft Braunschweig startete mit Vorermittlungen gegen Volkswagen. Auch die deutsche Finanzdienstleistungsaufsicht (BAfin) prüfte. Die ersten 40 Sammelklagen kanadischer und amerikanischer Käufer trudelten ein. VW setzte eine interne Sonderkommission ein. Hochkarätige VW-Konzernmanager wurden beurlaubt bzw. mussten überhaupt gehen: Ulrich Hackenberg, Wolfgang Hatz, Heinz-Jakob Neußer.

Seitdem sind drei Jahre vergangen. Zwei frühere VW Mitarbeiter sind in den USA zu Haft- und Geldstrafen verurteilt (Oliver S., James L.). Zwei Spitzenmanager sitzen in Untersuchungshaft: Ex-Audi-Chef Rupert Stadler und ein Porsche Manager aus dem Bereich Motorenentwicklung. Zwei ehemalige Mitarbeiter sind gegen Kaution wieder auf freiem Fuß: Ex-Audi Ingenieur Giovanni P. und Ex-Porsche Entwicklungschef Wolfgang Hatz.

Die US-Justiz hat fünf Manager angeklagt und zur internationalen Fahndung ausgeschrieben, darunter Ex-Boss Winterkorn. In Deutschland ermitteln Staatsanwälte gegen rund 40 Verdächtige, darunter gegen Winterkorn, Ex-VW Chef Müller, Aufsichtsratschef Hans-Dieter Pötsch und den aktuellen VW-Chef Herbert Diess.

1.2 – Wie alles begann ...

Anfang 2007 stieg der ehrgeizige Audi-Chef Winterkorn zum Vorstandsvorsitzenden des Volkswagen-Konzerns auf. Er wird oberster Herrscher über die Markentöchter Volkswagen, Audi, Skoda, Seat, Porsche, Bugatti, Bentley, Lamborghini und Ducati. Winterkorn trat in die Fußstapfen von Ferdinand Piëch, der in den Aufsichtsrat wechselte und dort den Vorsitz übernahm.

Winterkorn gilt als hemdsärmeliger Pragmatiker und enger Vertrauter des Porsche-Enkels Piëch, der dessen Innovationen und Ideen umsetzt. Bei seinem Karrieresprung nach ganz oben nahm Winterkorn viele Audi-Manager mit, darunter auch den später verhafteten und gegen Kaution freigelassenen Wolfgang Hatz, der unter Winterkorn Chef der Motoren-Entwicklung bei Audi gewesen war und nun zum Leiter der Aggregate-Entwicklung des VW-Konzerns aufstieg.

Es war eine Zeit des Umbruchs. Volkswagen setzte sich zum Ziel, bis 2018 mit zehn Millionen verkauften Autos pro Jahr weltweit die Nummer eins zu werden. Arg zerzaust von der „Rotlichtaffäre" - mit üppigen Bestechungsgeldern für Betriebsräte samt Bordellbesuchen - lag Volkswagen nur auf Platz drei - weit abgeschlagen hinter seinen Erzrivalen Toyota und General Motors.

Ohne den amerikanischen Markt ist das ehrgeizige Ziel nicht zu erreichen. Ausgerechnet hier schwächeln die Wolfsburger. Die Wende sollen Dieselautos bringen, mit denen Volkswagen in Europa groß geworden war. Vor allem mit der „Sauberkeit der Motoren" will man punkten, denn der sparsamere Verbrauch allein ist für amerikanische Kunden zu wenig verlockend, da Kraftstoffpreise kaum ins Gewicht fallen.

Kurz vor Winterkorns Bestellung wurde den VW-Motorentwicklern klar, dass ihre Autos die strengen US-Abgasvorschriften nicht einhalten können. Für eine Zulassung in Kalifornien ist bei Stickstoffoxid ein besonders niedriger Grenzwert einzuhalten. Stickstoffoxid ist ein Abgas, das die menschlichen Lungen ruiniert, zur Feinstaub und Ozonbildung beiträgt und zu vorzeitigen Todesfällen führt. Um dieses gesundheitsschädigende Abgas zu reduzieren, hatte Volkswagen in seinen Autos in Europa eine Abgasrückführung – kurz AGR – installiert (siehe Kapitel 2 – Von Technik und Normen). Rasch wird aber klar: Die strengen US-Grenzwerte sind damit nicht zu schaffen.

Monatelang wurde getüftelt. Jack Ewing beschreibt in seinem Buch („Wachstum über alles. Der VW-Skandal", Droemer Verlag, Seiten 162 ff, 2017) sehr genau, wie verzweifelt die Ingenieure nach einem Ausweg suchten, ohne die vorgegebenen Kosten zu sprengen. Sogar eine technisch saubere Lösung wurde erwogen, die es bereits gab und die Konkurrent Daimler schon länger praktizierte: Durch das Einspritzen von Harnstoff kann man Stickstoffoxid in harmlose Bestandteile zerlegen. Doch dafür braucht es ein aufwändiges System (siehe Kapital 2 - Von Technik und Normen). Weil sie zu teuer und obendrein nicht von Volkswagen erfunden worden war, wurde diese „saubere" Lösung verworfen.

Plötzlich die rettende Entdeckung: Bei der Konzernschwester Audi gab es die sogenannte „Geräuschfunktion" („Akustikfunktion"). Damit erkennt ein Auto, ob es auf dem Prüfstand gerade getestet wird und steuert das Verhalten des Motors so, dass optimale Testergebnisse erzielt werden.

Audi hatte diese Steuerungs-Software schon bei seinen Oberklasse-Wagen (3-Liter, mit V-6 Motoren) eingesetzt, die von 2004 bis 2008 in Europa verkauft wurden, um die verschärften Schadstoffgrenzwerte zu umgehen (Jack Ewing, Seite 168). Die Keimzelle der Schummelei war also nicht Volkswagen, sondern Audi.

Zum ersten Mal eingesetzt wurde die Abschalteinrichtung bei Audi in der Amtszeit Winterkorns, der von 2002 bis 2006 als Vorstandsvorsitzender die Geschicke dieser VW-Tochter gelenkt hatte - mit Wolfgang Hatz als Chef der Motoren-Entwicklung an seiner Seite (von 2001 bis 2007).

Der entscheidende Beschluss zur Abgastrickserei bei Volkswagen fiel am 20. November 2006. In einer Sitzung in der Wolfsburger Konzernzentrale einigten sich die versammelten 15 VW-Motorenentwickler darauf, das Problem mit den Stickstoffoxiden mit einer Abschalteinrichtung à la Audi zu lösen. Dank einer extra eingebauten Schummel-Software wechselte das Auto zwischen zwei verschiedenen Betriebsmodi: in den „sauberen" im Labor, in den „schmutzigen" im Echtbetrieb auf die Straße.

Dass es diesen Beschluss gegeben hat, bestreitet Volkswagen nicht, putzt sich aber an den eigenen Technikern ab. Das klingt dann so: „Eine Gruppe von Personen...auf der Ebene unterhalb des Konzern-Vorstandes im Bereich Aggregat-Entwicklung .... entschloss sich, die Motorsteuerungssoftware zu verändern" (Zitat aus der Deutschen Presseagentur, dpa, vom 6.3. 2016 aus einem 111-seitigen Schreiben, mit dem sich VW gegen Aktionärsklagen beim Landesgericht Braunschweig wehrt).

Die Version, nur ein kleiner Kreis von Ingenieuren sei involviert gewesen, hält Porsche-Enkel Piëch für „völlig unglaubwürdig". Bei seiner Aussage vor der Staatsanwaltschaft Braunschweig (Süddeutschen Zeitung vom 28.7.2018) schob Piëch im Frühjahr 2016 noch nach: Er könne sich nicht vorstellen, wenn jemand bis zur Radschraube alles über ein Auto wisse, dass er dann vom millionenfachen „Beschiss" nichts mitbekomme.

In der Tat klingt es eher unwahrscheinlich, dass Winterkorn und Hatz die „Akustikfunktion" bei Audi entgangen sein sollte. Zumal „Wiko", wie er intern genannt wird, für seine Besessenheit für technische Details berühmt berüchtigt war.

In den nächsten Jahren entwickelte Volkswagen die Schummel-Motoren unter dem Kürzel „Entwicklungsauftrag 189" (EA 189) und versäumt es auch nicht, sie international stolz herzuzeigen.

Die Schummel-Software selbst kam von der Zulieferfirma Robert Bosch, die seinen Kunden im Juni 2008 darauf aufmerksam machte, dass sie nach US-Gesetz verboten sei. Trotzdem lieferte Bosch die bestellte Ware. Acht Jahre später wurde auch Bosch in den USA geklagt und zahlte für einen mit US- Richter Charles Breyer getroffenen Vergleich umgerechnet 304 Millionen Euro. In den Augen der US-Justiz hatte sich Bosch aktiv an der Entwicklung dieser unzulässigen Software beteiligt. Das sehen inzwischen auch die Anwälte der Aktionäre von Volkswagen und Porsche so, die den Bosch-Vorsitzenden Volkmar Denner beim Landesgericht Stuttgart klagten. Vier Verfahren sind bei der Staatsanwaltschaft Stuttgart gegen Bosch im Laufen, weitere vier drohen hinzuzukommen. In den USA hängt Bosch mit Ford in einer Sammelklage in Detroit.

Beim Zulassungsverfahren des „Jetta" forderte und erhielt die kalifornische Umweltbehörde „California Air Resources Board" (CARB) von Volkswagen eine ausdrückliche Erklärung, dass keine verbotene Abschalteinrichtung ("defeat device") eingebaut sei. Eine glatte Irreführung.

Im August 2008 war es soweit: Der Jetta Blue TDI Clean Diesel wurde in USA als „Clean Diesel" eingeführt, eingebettet in riesige Werbekampagnen. Legendär ist ein TV-Werbespot mit einer älteren Frau, die ihren weißen Schal in den Auspuff eines VW Diesel hält und ihren Freundinnen entgegenschleudert: „Seht ihr, dass er sich kein bisschen verfärbt?"

1.3 - Einmal tricksen - immer tricksen

Für Volkswagen lief alles rund in den USA. Auf den Jetta folgte 2009 der Tiguan, ebenfalls mit Schummel-Software versehen und in Europa hergestellt. 2012 rollten die ersten VW Passats vom Band, diesmal aus der nagelneuen Fabrik in Chattanooga, USA.

Eigentlich hätte Volkswagen jetzt auf Schummeleien verzichten können, weil der Konzern seine Dieselautos inzwischen doch noch mit der modernen Harnstoffeinspritzung samt SCR-Katalysator ausgestattet hatte.

Doch die Wolfsburger segelten weiter stramm auf Schummel-Kurs, nachdem 2010 ein Versuch gescheitert war, die Grenzwerte für Stickstoffoxid auf politischer Ebene zu entschärfen. Bei einem Frühstück mit Arnold Schwarzenegger, damals Gouverneur in Kalifornien, und CARB-Chefin Mary Nichols kritisierte die deutsche Bundeskanzlerin Angelika Merkel im April 2010, dass die kalifornischen Grenzwerte für Stickstoffoxide praktisch den Ausschluss für deutsche Marken bedeuten würden.

Da die strengen Abgasvorschriften nicht zu ändern waren, griffen die Volkswagen-Techniker wieder auf eine Schummel-Lösung ihrer Schwester Audi zurück. Audi hatte 2008 erstmals beim großen Audi „Q7" eine neue Schummel-Software eingesetzt. Dieser Audi verfügte zwar schon über die technisch saubere Lösung des Abgasproblems mit allem Drum und Dran: Harnstoffeinspritzung und SCR-Speicher. Doch eine Schummel-Software sorgte dafür, dass die Einspritzdosis von Harnstoff bei Straßenfahrten gedrosselt und das Absenken der Stickstoffoxide weitgehend ausgeschaltet wurde.

Man greift sich an den Kopf: Da wird eine aufwändige Technik entwickelt und eingebaut, die in der Lage ist, das gesundheitsgefährliche Stickstoffoxid in harmlose Bestandteile zu zerlegen und die Autos tatsächlich sehr sauber zu machen. Und dann verzichtet man bewusst darauf, diesen Umweltvorteil voll auszuspielen.

Den banalen Grund verriet später Kronzeuge und Untersuchungshäftling Giovanni P. in einem 28-seitigen Papier, das sich auf 44 Vorgänge (Mails, Sitzungen und Vorträge) zwischen 8. März 2006 und 10. Juli 2014 stützt (Bericht des Rechercheverbunds Süddeutsche Zeitung, NDR, WDR vom 20.8.2017). Die Tanks hätten in Europa generell nicht und in den USA nicht in allen Fällen ausgereicht, um genug Harnstoff mitzunehmen. Speziell den Kunden in den USA sollte es erspart bleiben, den klebrigen Harnstoff selbst nachtanken zu müssen. Man fürchtete dadurch Verkaufsnachteile. Umwelt und menschliche Gesundheit spielten in diesem Spiel keine Rolle.

So ging vergingen die Jahre bis Juli 2012. Mitarbeiter von Volkswagen kamen der illegalen Abschalteinrichtung zufällig auf die Schliche. Zwei von ihnen, die späteren Kronzeugen James L. und Giovanni P., sollen noch im selben Monat Bernd Gottweis und Heinz-Jakob Neußer darüber informiert haben (Bericht Rechercheverbund SZ, NDR und WDR von 13.1.2017).

Gottweis und Neußer sollen bei einem Termin im Juli 2012 den Zweck des „defeat device" erkannt und auf Geheimhaltung gepocht haben. Sogar die vorgelegte Skizze über die illegale Software hätten sie vernichten lassen.

1.4 – Den Tricksern auf der Spur

Marc Besch, ein junger Doktorand aus der Schweiz, verblüffte im März 2014 in San Diego die versammelten Experten mit ungewöhnlichen Studien-Ergebnissen (Die Forschungsarbeit trägt den Titel: „In-Use Emissons Testing of Light-Duty Diesel Vehicles in the United States" in Jack Ewing Seiten 229 f).

Er und seine Kollegen am „Center for Alternative Fuels Engines und Emissions" (CAFEE) an der West Virginia University hatten in mühsamer Arbeit selbstgebastelte Straßentests durchgeführt. Mit alarmierenden Ergebnissen.

Eines der drei getesteten Autos, Fahrzeug „A", stieß auf der Straße das bis zu 35-Fache des gesetzlichen Limits an Stickstoffoxiden aus. Ein zweites, Fahrzeug „B" das bis zu 30-Fache. Das dritte im Bunde, Fahrzeug „C", überschritt den Grenzwert lediglich beim Bergauffahren um das 10-Fache.

Zwar nannte Besch nicht die Namen der Autos. Trotzdem war den 200 versammelten Experten im Saal klar, dass es sich um den VW Jetta („A"), den VW Passat („B") und um einen BMW („C") handelte.

Ironie des Schicksals: In Auftrag gegeben hatte die Studie der „International Council on Clean Transportation" (ICCT), ein weltweites Netzwerk für Umweltbehörden. Das eigentliche Ziel war es laut Peter Mock von ICCT-Europa zu zeigen, dass die deutschen Diesel-Autos in der US-Version sauberer sind als in Europa (Carlo Braunach, Seite 12).

Pech für Volkswagen, dass die Jungs für ihre Tests gleich zwei VW-Fahrzeugmodelle wählten. Die findigen Burschen ließen sich einiges einfallen, um erstmals auch für Pkw den Stickstoffoxid-Ausstoß im Straßenbetrieb zu überprüfen. Sie wickelten Schläuche um den Auspuff und leiteten das Gemisch ins Innere des Pkw, wo es per Computer analysiert wurde. Um die Computer mit genug Strom zu versorgen, montierten sie Generatoren am Heck ihrer Test-Fahrzeuge. Damit kurvten sie durch die Straßen von Los Angeles, fuhren nach San Francisco, San Diego, bis Seattle und sogar hinauf nach Portland (Oregon).

Im selben Jahr ließ Volkswagen in Albuquerunque die umstrittenen „Affentests" durchführen, die später weltweit für Empörung sorgten (Bericht New York Times von 26.1.2018). Die Tests waren vom deutschen Lobbyverein "Europäischen Forschungsvereinigung für Umwelt und Gesundheit im Transportsektor" (EUGT) beim US-Institut „Lovelace Respiratory Research Institute" (LRRI) in Auftrag gegeben worden war. Zehn Affen mussten bei Versuchen in den USA die Autoabgase des VW Beetle einatmen - angeblich ohne Schaden für die Tiere. Wie die New York Times aufdeckte, sollte dieses Experiment 2014 die „Sauberkeit" deutscher Diesel-Autos dokumentieren.

Zurück zu den Studierenden, die an den eigenen Ergebnissen zweifelten. Sollte mit ihrer Ausrüstung etwas nicht stimmen? Doch die funktionierte einwandfrei. Studienauftraggeber ICCT veröffentlichte die spektakulären Ergebnisse im Mai 2014.

CARB bat die Volkswagen Group of Amerika um Erläuterungen. Alberto Ayala, damals Leiter des Emissionstestlabors dieser als streng geltenden kalifornischen Umweltbehörde, wollte mit einer intensiveren Studie nachfassen (Jack Ewing Seite 232 ff).

1.5 - Wie die Vertuschungsmaschinerie lief

Bei VW war nun Feuer am Dach. Gottweis, der Chef der Produktsicherheit bei Volkswagen, schrieb am 23. Mai 2014 einen Bericht (Mail) an VW-Chef Winterkorn. Darin heißt es, man könne den Behörden keine fundierte Erklärung für diese dramatisch hohen Abgaswerte geben. Auch wird darin vermutet, dass die US-Behörde nach einem „defeat device“ suchen könnte. Die Existenz dieser und einer zweiten Notiz wird von Volkswagen (VW-Brief an Staatsanwaltschaft Braunschweig vom 2.3.2016) nicht bestritten. Man habe die Notiz der umfangreichen Wochenpost für Winterkorn beigelegt. „Ob und inwieweit Herr Winterkorn von dieser Notiz damals Kenntnis genommen hat, ist nicht dokumentiert“, betonte Volkswagen ausweichend (VW in einer Pressemitteilung von 2.3.2016).

Völlig anders sah dies die US-Justiz, als sie drei Jahre später, im März 2018, Anklage gegen Winterkorn erhob. Statt diese Machenschaften zu beenden und das Fehlverhalten einzugestehen, habe Winterkorn gemeinsam mit anderen führenden VW-Managern beschlossen, die Manipulationen fortzusetzen und die Behörden weiter zu täuschen.

Zurück in den Mai 2014. Es war ein heikler Moment für Volkswagen. Man wollte von CARB die Zulassung für den neuen Motor, den EA 288, für die Modelle 2015. Doch diese Zulassungsbehörde beharrte auf Aufklärung der eklatanten Stickstoffoxid-Emissionen von Jetta und Passat. Ayala machte nun die angekündigten Tests und stieß auf Ungereimtheiten. Das Testverfahren von CARB sei falsch, konterte Volkswagen und setzte auf Zeit (Jack Ewing Seite 242). So verging der Sommer und Ayala verlor die Geduld. Den CARB-Mann nervten die ausweichenden, unsinnigen und oft herablassenden Antworten der Wolfsburger.

In einer Telefonkonferenz am 1. Oktober 2014 konnte Volkswagen die Behörde nicht mehr länger gängeln und kündigte einen freiwilligen Rückruf an, um den Stickstoffoxid-Ausstoß zu senken.

Was sich danach in den USA abspielte, sollten wir in Europa sehr genau beachten. Der Rückruf von 280.000 Diesel-Autos der Marken Audi und Volkswagen startete im Dezember 2014 und zog sich monatelang hin. Die Kunden wurden über eine "Emissions Service Action" informiert und bei der Begründung glatt angelogen. Es brauche eine neue Software, um eine Fehlerfunktionsanzeige am Aufleuchten zu hindern (Ewing Seite 243).

Der Rückruf wurde auch noch dazu genutzt, die Schummel-Software zu optimieren. Weil die Autos auf der Straße nicht blitzartig in den Schmutzmodus umschalteten, verstopften sich die Partikelfilter rascher und mussten vorzeitig gewechselt werden - eine teure Angelegenheit. Die Lösung: eine neue „Lenkwinkel-Erkennung" wurde in die Schummel-Software eingebaut, sodass die Autos noch präziser wissen, ob sie im Labor oder auf der Straße fahren und umso rascher in den jeweiligen Modus wechseln (ARTE/ZDF am 23.7.2018: „Die Macht und ihr Preis. Die Akte Volkswagen.").

Nach dem Rückruf wollte CARB schwarz auf weiß wissen, ob die gesetzlichen Grenzwerte nun eingehalten werden. Wieder verzögerte Volkswagen in gewohnter Manier. Bis CARB mit eigenen Tests drohte.

Im April 2015 machte Porsche-Enkel Ferdinand Piëch einen spektakulären Schritt: „Ich bin auf Distanz zu Winterkorn", kündigte er im Spiegel an. Ende April trat Piëch als Aufsichtsratschef des Volkswagen-Konzerns zurück und Winterkorn schien fest im Sattel zu sitzen.

1.6 - Die Situation spitzt sich zu

Die VW-Ingenieure vor Ort gerieten durch die bohrenden Fragen von CARB immer mehr in die Klemme. Am 18. Mai 2015 wollte der später geständige VW Ingenieur Robert L. in einer Mail von der Zentrale wissen: „Sagen Sie mir bitte, was ich erzählen soll." (Ewing Seite 245). Im Juni führte CARB die angedrohten eigenen Tests tatsächlich durch. Mit einem Passat, Baujahr 2012.

Die CARB-Experten verfielen auf einen simplen Trick: Sie ließen den Test deutlich länger laufen als normal und bewegten das Steuerrad, als ob das Auto echt fahren würde. Sie entdeckten, dass die Stickstoffoxid-Werte sich plötzlich vervielfachten und die stickstoffoxidsenkende Harnstoffeinspritzung bei manchen Fahrzyklen gar nicht stattfand.

Jetzt schaltete CARB auf hart und drohte, auch noch die erste Generation von Fahrzeugen zu untersuchen („Gen I"), den Jetta und den Tiguan. Unter den VW-Ingenieuren brach Panik aus. „Wenn die Gen I bei CARB auf den Rollenprüfstand kommt, wird uns das Lachen vergehen!", meinte James L..

Die US-Behörde drohte nun, die Zulassung der neuesten Modelle (Baujahr 2016) zu verweigern. VW-Amerika-Chef Michael Horn schlug Alarm und informiert wichtige Vorstandsmitglieder in Deutschland, darunter auch Neußer.

Was sich danach in der Konzernzentrale abspielte, ist noch nicht restlos geklärt. Nahezu täglich dringen Aussagen früherer VW Manager in die Öffentlichkeit, die vor allem Winterkorn schwerstens belasten. Selbst Volkswagen gibt zu, dass am 21. Juli 2015 in einer Task Force einem „breiteren Kreis von Personen offen" gelegt wurde, wie die Umschaltlogik funktioniert.

Aufhorchen ließ VW Manager Friedrich E. mit seinen Aussagen. Unter anderem habe Winterkorn jenen Ingenieuren, die manipuliert hatten, aufgetragen, eine neue Software zu finden. Eine legale Software, die alle Probleme löse, bevor die US-Behörde alles entdecke (Bericht Rechercheverbund SZ, WDR, NDR vom 26.7.2018 über die Aussagen des Friedrich E. vor der Staatsanwaltschaft Braunschweig im November 2017).

Fakt ist, dass Winterkorn auch nach dem 27. Juli 2015 den Betrug in den USA nicht unterbunden hat. Im Gegenteil, er ordnete seinen Mitarbeitern vor Ort an, bei der kalifornischen Umweltbehörde CARB die Zulassung der neuen Autos aus dem Modelljahr 2016 zu beantragen - wissend dass die Abgaswerte am Prüfstand und auf der Straße nicht übereinstimmten.

Die unter Druck geratenen VW Manager vor Ort mussten Anfang August gegenüber CARB eingestehen, durch das Update die Abgasprobleme nicht bereinigt zu haben. Die Existenz illegaler Abschalteinrichtung gaben sie aber (noch) nicht zu.

Am 5. August 2015 baten sie Ayala um ein Treffen und präsentierten ihm eine dicke Mappe. Als Ayala diese Infos von seinem Team überprüfen ließ, musste der CARB-Mann zur Kenntnis nehmen: „Was VW da geliefert hatte, war blanker Unsinn" (Ewing 260). Jetzt erst war der Umweltbehörde klar, dass man es mit einer illegalen Abschalteinrichtung zu tun hatte und nicht mit technischen Problemen, wie von VW vorgegaukelt.

Volkswagen versuchte, die Behörde mit einem Rückruf der ganz alten Modelle zu besänftigen. Denn CARB wollte die 2016er Modelle noch immer nicht zertifizieren. Auch weil sich Volkswagen dagegen sträubte, die genauen Parameter der Motorsteuerung offen zu legen – wie es CARB nun forderte. Neuerlich drohte die Behörde mit eigenen Tests (Ewing 261).

Am 18. August 2015 fing das Kartenhaus langsam an, in sich zusammenzufallen. In einem informellen Treffen mit Ayala gestand Manager J. endlich die Existenz der Abschalteinrichtung, wobei er offenbar gegen die Anweisungen von oben handelte.

Ayala war außer sich. Er hatte dem deutschen Konzern ein Vertrauensbonus eingeräumt, viele Stunden lang Probleme lösen wollen, von denen Volkswagen behauptet hatte, sie seien nur technischer Natur. Er sah Geld der Steuerzahler vergeudet, weil seine Behörde durch die intensive Arbeit andere wichtige Projekte hintangestellt hatte (Ewing 262).

In seiner Stellungnahme an das LG Braunschweig räumte VW später selbst ein, dass Winterkorn in einer Sondersitzung des Ausschusses für Produkt-Sicherheit am 24. August 2015 über die Ereignisse in den USA informiert wurde. Es wurde beschlossen, dies CARB und EPA gegenüber offiziell zu kommunizieren (VW Presseaussendung 2.3.2016).

Noch im August fing Winterkorn damit an, seine privaten Vermögensverhältnisse neu zu ordnen und seine Privatvilla an Kapitalgesellschaften auszulagern. Sah er bereits die Gewitterwolken aufziehen und wollte er sein Privatvermögen gegen Regressforderungen schützen?

Am 31. August 2015 kam es zu einem Extra-Meeting bei Volkswagen, um zu beraten, wie man die Existenz der Abschalteinrichtungen kommunizieren werde. Ein Anwalt riet, die Dokumente durchzusehen. Das wurde von Mitarbeitern so interpretiert, dass Dokumente vernichtet werden sollten. In der Folge schritten 40 Mitarbeiter bei Audi und VW zur Tat und vernichten Tausende Dokumente, von denen viele allerdings wieder rekonstruiert werden konnten.

Am 3. September 2015 trafen sich die drei VW Manager Friedrich E., Oliver S. und Stuart J. mit Beamten von CARB. Die drei gaben den Betrug jetzt hochoffiziell zu. Einen Tag später, am 4. September 2015 wurde Winterkorn per "Kurznotiz" informiert „Wir haben das „defeat device“ zugegeben“ (VW Stellungnahme an LG Braunschweig).

Vier Tage danach referierte Winterkorn im Vorstand über Manipulations-Software in den USA. Es ist der 8. September 2015

(Bild am Sonntag). Spätestens jetzt wussten auch Porsche-Chef Matthias Müller und VW Finanzvorstand Hans Dieter Pötsch Bescheid. Man ging davon aus, dass nur 485.000 Fahrzeuge in den USA davon betroffen seien und sich Schaden in Grenzen hält. Finanzvorstand Pötsch und VW Juristen entschieden sich für eine „vorübergehende Geheimhaltungspflicht".

Zehn Tag später, am 18. September 2018 brachte EPA den Skandal in die Öffentlichkeit. Am 22. September 2015 gab Winterkorn erstmals Manipulationen bei weltweit elf Millionen Fahrzeugen zu.

Am 23. September trat Winterkorn als Vorstandsvorsitzender des VW Konzerns zurück.

Am 25. September folgte Matthias Müller Winterkorn auf dem Pilotensitz des VW Konzerns. Der Skandal mit weltweit elf Millionen manipulierten Autos der Marken Volkswagen, Audi, Skoda und Seat hatte den gottähnlichen Oberboss Winterkorn brutal aus dem komfortablen Sitz katapultiert.

Zuvor hatte Winterkorn noch kräftig Kasse gemacht: Für das Skandaljahr 2015 hat er auch noch in Summe 15,86 Millionen Euro an Gehalt und Prämien kassiert. Sein Dienstverhältnis mit VW lief erst mit Jahresende 2016 aus. Ab dann bezog er eine Betriebsrente von 3.100 Euro pro Tag. Das sind 93.000 Euro pro Monat (Bild-Zeitung Anfang 2017). Laut „Spiegel online" braucht Winterkorn für seine 400m² Münchner Villa in bester Lage gar nur 5 Euro Miete pro Quadratmeter zu zahlen.

Sein Nachfolger Müller hat seine ganze Karriere diesem Konzern zu verdanken, anfangs bei Audi und zuletzt als Vorstandvorsitzender der Sportwagen-Tochter Porsche. Er ist ein Teil des internen Netzwerkes. Dass ausgerechnet er für Aufklärung und einen Neustart sorgen soll, kommt nicht überall gut an.

Das Märchen vom „kleinen Kreis eingeweihter Ingenieure", hielt Müller weiterhin aufrecht. In einem mit 1. Oktober 2015 datierten Brief an den deutschen Verkehrsminister Alexander Dobrindt, Wirtschaftsminister Sigmar Gabriel und Umweltministerin Barbara Hendricks schreibt er vom „Fehlverhalten einiger weniger Personen" und verspricht vollständige Aufklärung.

Auch später blieb Volkswagen diesem „Wording" treu und kam damit sogar bei der Braunschweiger Staatsanwaltschaft durch, die vorerst feststellte: „Nur eine überschaubare Anzahl von Mitarbeitern dürfte tatsächlich und aktiv zu den Manipulationen beigetragen haben."

Im Oktober 2015 dementierte Volkswagen einen Bericht des Spiegels (14.10.2015), wonach 30 Manager von der Manipulation gewusst hätten. Bei einem Interview mit dem US-Radiosender NPR im Jänner 2016 „patzte" der neue Konzernchef und verharmloste den Abgasskandal als „technischer Panne". Eine glatte Lüge, wird sich später herausstellte.

In der Öffentlichkeit sprach VW-Chef Müller stets von der „Diesel-Thematik" und spielte den Betrug bewusst herunter. Vor versammelten Wirtschaftstreibenden in Linz (AUTO-Information vom 6.9.2016) gab er zu, dass „der VW-Konzern durch die Software-Manipulationen Regeln gebrochen" und „moralischen Grenzen überschritten" habe. Ganz so, als ginge es nicht um knallharten Gesetzesverstoß.

Müllers Vergangenheit als Porsche-Chef holte ihn schon im Oktober 2015 ein, als sich der Abgasskandal in den USA ausweitete und nun auch die flotten Luxuskarossen von Porsche erfasste.

Noch am 21. Oktober 2015 ließ Konzernchef Müller Meldungen dementieren, dass auch beim Nachfolgemodell des Manipulationsmotors EA 189 manipuliert worden sei, beim „EA 288".

Keine vier Wochen später, musste Volkswagen diesen Betrug zugeben. Nur in den USA habe man manipuliert, nicht in Europa, beteuern die Herren in Wolfsburg.

Betroffen waren diesmal 80.000 Modelle der Oberklasse mit 3 Liter Motoren, zugelassen von 2009 bis 2016. Bei ihrer Zulassung wurden drei Abschaltungssysteme „nicht offengelegt", den Behörden also bewusst verschwiegen. Laut der amerikanischen Umweltschutzbehörde EPA wurde bei den sieben beanstandeten Modellen neunmal mehr Stickstoffoxid gemessen als gesetzlich erlaubt.

Dass auch ein Porsche drin hing, kratzte an der persönlichen Glaubwürdigkeit des gerade aktuellen VW-Konzernchefs. Müller war in der Zeit, als der Cayenne 2013 auf den Markt kam, Vorstandsvorsitzender bei Porsche (von Oktober 2010 bis 2015).

Aber nicht nur Müllers Reputation bekommt Kratzer. Auch bei Audi-Chef Rupert Stadler bröckelt der Lack ab. Nach Aussagen des früheren Audi-Motorenentwicklers Giovanni P. soll Stadler persönlich Mitarbeitern noch am 19. November 2015 angeordnet haben, gegenüber den Umweltbehörden EPA und CARB Informationen über Abgas-Manipulationen zu verheimlichen. In der den US-Behörden vorgelegten Power Point Präsentation sei verschwiegen worden, dass Audi eine spezielle Technik entwickelt hatte, um den Verbrauch von Harnstoff („AdBlue") zu deckeln.

Zu den im September aufgeflogenen 475.000 Schummel-Autos der Mittelklasse (2 Liter) kamen nun 80.000 Autos der Oberklasse (3 Liter) hinzu. Alles in allem gestand Volkswagen ein, zwischen 2009 und 2016 in den USA 555.000 Fahrzeuge mit illegalen Abschalteinrichtungen („defeat device) verkauft zu haben.

1.7 - Die Aufarbeitung des Skandals

1.7.1 - ... in Amerika „hui"

Unglaubliche sieben Jahre hatte es gedauert, bis der Abgasskandal in den USA aufflog - vom Verkauf des ersten Jetta im Sommer 2008 bis zum Eingeständnis der Manipulation im Sommer 2015. Umso zügiger ging dort die rechtliche Aufarbeitung über die Bühne. Dreizehn Monate nach Auffliegen des VW Abgasskandals, gab US Richter Charles Breyer am 25. Oktober 2016 grünes Licht für den ausgehandelten Vergleich für die 475.000 Mittelklasseautos.

VW-Opfer bekommen demnach zwischen 5.100 und 10.000 Dollar Schadenersatz auf das Konto. Zusätzlich dürfen sie wählen, ob Volkswagen das Auto zurückkaufen oder nur reparieren muss. Je nachdem, wieviel Kunden sich für die teure Rückkaufvariante entscheiden, kostet es 14,7 bis 15,3 Milliarden Dollar.

Zusätzlich muss VW 4,7 Milliarden Dollar in zwei Fonds einzahlen. Insgesamt haben die Wolfsburger 20 Milliarden Dollar bereit zu stellen. Bis Ende 2019 muss das Programm durchgezogen und 85 % der Autos abgewickelt sein.

Keine drei Monate später, im Jänner 2017, sind die nächsten zwei Vergleiche fixiert: seinen 652 US-Händlern zahlt Volkswagen 1,2 Milliarden Dollar und für die Beilegung des strafrechtlichen Verfahrens weitere 4,3 Milliarden Dollar.

Schon im Februar 2017 folgte der Vergleich für die 80.000 Oberklasse-Autos. Selbstverständlich erhalten auch diese Kunden laut Gerichtsakten des unabhängigen Verwalters eine "substantielle Entschädigung". Für diesen Vergleich muss Volkswagen insgesamt 1,26 Milliarden Dollar vorrätig halten, inklusive 225 Millionen Dollar für einen Umweltfonds und 25 Millionen Dollar für Kaliforniens Umweltbehörde CARB (oft auch nur ARB), die maßgeblich zur Aufdeckung des Skandals beigetragen hatte.

Doch halt. Hier ist eine ziemliche Zeitbombe begraben. Der Vergleich sieht vor, dass 20.000 „ältere“ Autos (Modelljahre 2009 bis 2012) zurückgekauft und 60.000 „jüngere“ Pkw umgerüstet werden. Gelingt das nicht, weil die US Behörden einer Reparatur nicht zustimmen, müssen auch sie zurückgekauft werde. Das würde die Kosten auf stolze 4 Milliarden Dollar hochtreiben.

Mit großem Entgegenkommen bei den US-Zulassungsbehörden EPA und CARB dürfen die deutschen Autobauer wohl nicht rechnen. Schließlich haben VW Ingenieure die zunächst gutgläubigen CARB-Experten 15 Monate lang gegängelt (zwischen Mai 2014 und September 2015), angelogen und mit Alibi-Rückrufaktionen in die Irre geführt, bis sie am 3. September 2015 den Betrug offiziell eingestehen mussten.

Alle vier Vergleichsangebote zusammenrechnet, muss der Volkswagen-Konzern in den USA somit 26,76 Milliarden Dollar bereitstellen. Mit diesem Vergleich ist es Volkswagen in kürzester Zeit gelungen, alle zivil- und strafrechtlichen Verfahren abzuschließen - ganz ohne formelle Prozesse.

Der erzielte Vergleich betrifft Volkswagen als „Unternehmen“. Er hindert die US-Justiz nicht daran, die strafrechtlichen Ermittlungen gegen einzelne VW Manager fortzusetzen. Ihnen drohen zusätzliche Haft- und Geldstrafen. Die Amerikaner haben aus vergangenen Verfahren gegen Konzerne gelernt, wie wichtig es ist, die persönlich Schuldigen zu stellen. Sie sollen für das, was sie tun oder nicht tun, zur Rechenschaft gezogen werden und sich nicht hinter der dem Rücken mächtiger Organisation verstecken können.

Die erzielten Vergleiche werden sehr rasch abgewickelt. Volkswagen mietete 37 gigantische Parkplätze, um die zurückgekauften Autos abzustellen. Laut VW-Sprecherin Jeannine Ginivan hat VW bis Mitte Februar 2018 schon 350.000 der 475.000 Mitteklasse-Autos zurückgekauft und dafür 7,4 Milliarden Dollar gezahlt. Im Mai waren es laut „Handelsblatt“ bereits 400.000

Autos und damit die vorgegebene Latte von 85,8 Prozent ein Jahr vor der „Deadline“ erreicht.

Um Nordamerika abzuschließen, jetzt noch Kanada: 1,4 Milliarden Dollar (2,1 Mrd. kanadische Dollar) für 105.000 Mittelklasse-Autos. Dazu kommen noch 191 Millionen Dollar für Entschädigungen und 1,6 Millionen Dollar Geldstrafe für 20.000 Oberklasse-Autos (VW Touareg, Porsche Cayenne und Audi Q7 der Modelljahre 2009-2016).

Alles in allem müssen die Wolfsburger für die Vergleiche in Nordamerika 28,6 Milliarden Dollar auslegen. Umgerechnet in Euro ist es die „25 Milliarden Rechnung, die uns weh tut.“ (VW-Chef Müller bei der Bilanzpräsentation 2017).

Tief in die Tasche greift der Konzern auch aus anderen Gründen. 148 Beschäftigten in den USA soll er zwischen Jänner 2015 und Juli 2017 insgesamt 4,5 Millionen Dollar gezahlt haben, um sie zu halten (Rechercheverbund SZ, NDR und WDR). Davon profitierten auch zehn Führungskräfte, die eng in den Dieselskandal involviert waren und als Zeugen vernommen wurden. Unter ihnen der langjährige Chefjustiziar David Geanacopoulos.

Auch zwei Manager, die mit den umstrittenen „Affen-Tests“ zu tun hatten, bekamen Geld. Solche Bleibeboni sind in den USA üblich. Volkswagen weist alle Schweigegeld-Vorwürfe zurück.

1.7.2 - ... in Europa „pfui“

Während VW-Kunden jenseits des Ozeans allein dafür ein Extrageld bekommen, weil sie betrogen wurden, gehen VW - Kunden diesseits des Ozeans völlig leer aus. Man denkt nicht im Entferntesten daran, die 8,5 Millionen Kunden in der „alten“ Welt annähernd gleichzustellen mit den 555.000 Kunden in der „neuen“ Welt.

Konsequent schmetterte der Konzern jegliche Entschädigungen nach amerikanischem Muster für europäische Kunden ab.

Im ORF-Morgenjournal (6. September 2016) hörte sich das aus dem Munde Müllers etwa so an: „Wir sind an der Stelle kooperativ und konstruktiv, aber ehrlich gesagt auch immer unter der Berücksichtigung regionaler gesetzlicher Rahmenbedingungen und nicht, was sich ein Einzelner wünscht."

Denn der Konzernherr aus Wolfsburg stellt sich beharrlich auf den Standpunkt, die eingebauten Abschaltvorrichtungen seien nur in den USA unzulässig und nicht in Europa.

Dabei stellte sogar die deutsche Untersuchungskommission in ihrem Bericht vom 22. April 2016 fest, dass es sich um eine unzulässige Abschalteinrichtung im Sinne der Verordnung (EG) Nr. 715/2007 handle.

Einen Vergleich nach dem US-Vorbild auch für europäische Kunden? Müllers Konter: „Das könne VW überfordern".

In der Frankfurter Allgemeine Zeitung (FAZ 18.11.2016) bekräftigte Müller neuerlich: Für europäische Kunden gibt es keinen Schadenersatz, denn durch das Software-Update sei ihnen kein Schaden entstanden.

In die gleiche Kerbe schlägt Hans-Gerd Bode, PR Chef von Volkswagen im PR Report (2/2017): „Den Kunden entsteht kein Nachteil, weil die Fahrzeuge in der Werkstatt innerhalb weniger Minuten in einen konformen Zustand gebracht werden." Bode versteigt sich sogar zur Behauptung, es gäbe für die Entschädigung der VW-Opfer in Europa gar keine gesetzliche Grundlage. Eine kapitale Fehleinschätzung.

Im Spiegel (Spiegel 30.3.2018) kurz vor seiner Ablöse räumt Müller zwar ein: „Wir haben Mist gebaut", fügt aber fast trotzig hinzu: „Aber wir haben die Probleme behoben und allein in Deutschland bereits 2,1 Millionen Autos mit Software nachgerüstet, sodass sie jetzt absolut gesetzeskonform sind. Das sind über 90 Prozent der hierzulande betroffenen Autos". Zudem habe man mit Umtauschprämien 170.000 alte Diesel von der Straße geholt.

„Mist" gebaut hat Müller auch höchst persönlich - aus Eigennutz. Die knapp 16 Millionen Euro für Winterkorn für das Skandaljahr 2015 bewegten den Aufsichtsrat dazu, ab 2017 Obergrenzen für Top-Manager einzuführen. Den für den Vorstandvorsitzenden vorgesehenen maximalen Deckel von 10 Millionen im Jahr sprengte Müller gleich im ersten Jahr. Zusammen mit den Zuwendungen für die Vorsorge kam er auf 10,14 Millionen Euro.

Im Interview mit Spiegel verteidigte Müller sein hohes Gehalt mit der Relevanz des Unternehmens für die Volkswirtschaft und das Risiko als Konzernchef.

Als Müller am 10. April 2018 vorzeitig abtrat, soll er eine Abfertigung von 20 Millionen Euro erhalten haben. Seine Betriebspension: 3.400 Euro. Pro Tag, nicht pro Monat.

Kapitel 2 - Von Technik und Normen

In der öffentlichen Diskussion schwirren die verschiedensten Begriffe herum. Stickstoffoxid, Treibhausgas, CO_2, Partikel und was diese Stoffe mit Gesundheit und Umwelt anstellen. Und was bitte ist ein „Thermofenster"? Oder der neue europäische Fahrzyklus?

Technik? Würden Sie jetzt am liebsten reflexartig weiterblättern? Versuchen Sie, diesem Impuls zu widerstehen. Sonst fällt es ziemlich schwer, die Tücken und Fallen des Software-Updates zu verstehen. Keine Sorge, wir haben uns bemüht, so „technisch" wie notwendig, und so verständlich wie möglich zu sein. Und bitten alle Techniker um Nachsicht, wenn wir nicht alle Facetten berücksichtigen.

2.1 - Das Grundproblem der Abgasreinigung

Bei jeder Verbrennung entstehen im Zylinder des Motors unvermeidlich Abgase. Vier verschiedene toxische Schadstoffe fallen an: Kohlenmonoxid (CO), Kohlenwasserstoff (HC), Rußpartikel (PM) und Stickstoffoxid (NOx).

Stickstoffoxid (NOx) ist das Abgas, um das sich beim Diesel-Skandal alles dreht. Weil das ständig verwechselt wird, sei hier extra betont: es geht beim Abgasskandal nicht um das Treibhausgas CO_2, sondern um Stickstoffoxid. Stickstoffoxid greift die Lungen der Menschen an, trägt zur Ozon- und Feinstaubbildung bei und führt zu vorzeitigen Todesfällen, vor allem in der Nähe verkehrsreicher Straßen.

Wegen des hohen Luftüberschusses beim Dieselmotor ist der nachträgliche Abbau von Stickstoffoxid schwierig. Diesel hat hohe Spitzen-Temperaturen im Brennraum, ist deshalb sehr effizient - mit wenig Kraftstoffverbrauch - bildet aber erhöhte Stickstoffoxide.

Die Stickstoffoxid-Produktion im Zylinder ändert sich ständig und ist direkt abhängig von der Spitzentemperatur im Zylinder. Auch die Art der Einspritzung (Beginn, Verlauf, Dauer, Druck) und die Belastung des Motors spielen eine Rolle (ob man Vollgas fährt oder „normal"). Am meisten Stickstoffoxid fällt bei Volllast an, wenn das Gaspedal voll durchgedrückt wird.

Am wenigsten Stickstoffoxid entsteht bei Teillast, etwa bei Kriechverkehr oder „Stopp and Go", wenn nicht die höchste Motorleistung abgerufen wird. Die idealen Bedingungen sind: niedrigere Temperaturen im Zylinder und weniger Druck.

Man merkt sofort: Je mehr Stickstoffoxid, desto sparsamer der Verbrauch, desto weniger CO_2. Je weniger Stickstoffoxid, desto üppiger der Verbrauch und desto mehr CO_2. Alles klar?

Sorry, es wird noch komplizierter. Im Motor gibt es ja noch andere giftige Schadstoffe. Eines davon ist Ruß. Ruß-Partikel entstehen unter genau umgekehrten Bedingungen wie Stickstoffoxid. Wir stecken also mitten drin im sogenannten „Diesel-Dilemma". Bei hohen Brennraumtemperaturen gibt's viel Stickstoffoxid, aber wenig Ruß-Partikel und weniger CO_2. Bei geringeren Motortemperaturen gibt es weniger Stickstoffoxid, aber mehr Ruß-Partikel und mehr CO_2.

Drei verschiedene Wege führen zur Senkung von Stickstoffoxid. Alle drei sind im Abgasskandal relevant. Um zu wissen, wie geschummelt wurde und um beurteilen zu können, welche Reparatur-Maßnahmen sinnvoll und möglich sind, müssen wir uns mit allen dreien näher befassen.

2.1.1 - Das simple Abgasrückführungssystem (AGR)

Das AGR ist in allen Autos der Abgasnorm Euro 5 eingebaut; auch in den manipulierten Fahrzeugen des VW Konzerns (VW, Skoda, Audi, Seat), die zwischen 2008 und 2015 gebaut wurden.

Es handelt sich um eine „innermotorische" Senkung von Stickstoffoxiden, die ohne nachgeschaltete Katalysatoren auskommt. Dieses simple System schien ausreichend, um den damals in Europa für Stickstoffoxide vorgeschriebenen Grenzwert von 180 Milligramm pro Kilometer einzuhalten.

Ziel des AGR Systems ist es, bereits aus dem Motor weniger Stickstoffoxid kommen zu lassen. Dabei werden Abgase, die bei der Verbrennung im Zylinder entstanden sind, noch einmal dorthin zurückgeschickt. Noch bevor dieses schmutzige Gemisch in den Motor zurückkommt, wird es meist in einem Kühler („AGR-Kühler") abgekühlt. In der Folge sinken die Temperaturen im Zylinder und es entsteht dort weniger Stickoxidstoff. Zugeschaltet wird das AGR-System stets nur bei „Teillast", also beim „normalen" Fahren, aber nie, wenn man voll aufs Gas steigt.

Neben der Temperatur im Motor und der Motorlast spielt auch noch die Außentemperaturen eine Rolle (Luft wird von außen angesaugt): ist es draußen warm wie im Frühjahr oder auch Sommer, klappt alles wie gerade beschrieben. Im Winter oder in der Übergangszeit kommt ein neues Problem hinzu: bei kaltem Motor (Kurzstrecken, Stopp und Go, immer wieder Leerlauf) würde sich durch das AGR-System das dreckige Gemisch mehr als gewünscht abkühlen. Mit fatalen Folgen.

Die darin enthaltenen Rußpartikel würden zu einer klebrigen Masse, die sich festsetzt, Krusten bildet, den AGR-Kühler teils verstopfen kann und sogar Ventile undicht macht. In der Folge käme es zu Fehlfunktionen und die ruinierten Teile müssen vorzeitig ausgetauscht werden. Bei kaltem Motor und kalten Außentemperaturen ist es zum Schutz der Motorbauteile besser, die AGR wegzuschalten, auf die Extra-Kühlung zu verzichten – und damit auch auf die Senkung von Stickstoffoxid. Dieses zeitweise Wegschalten des AGR-Systems geschieht mit Hilfe eines Bypasses. Der warme Motor hingegen hat selbst bei den kältesten Außentemperaturen keine Probleme und kann das AGR-System bei „normalem" Fahren zugeschaltet lassen und damit Stickstoffoxid senken.

Dreh- und Angelpunkt ist die Steuerungs-Software. Sie regelt das Zu- und Abschalten des AGR und auch die Menge des Abgases, die in den Motor zurückgeführt wird (AGR-Rate). Die Steuerungs-Software schaltet blitzschnell hin und her.

Es liegt im Wesen einer Software-Steuerung, dass man damit Parameter x-beliebig ein- und ausschalten kann. So ist es mit ihrer Hilfe möglich, das AGR-System generell nur bei warmen Außentemperaturen zu aktivieren und bei kälteren Temperaturen auszuschalten. Man kann das Aktivieren der AGR auch an andere Parameter knüpfen und von der Geschwindigkeit, vom Drehmoment oder von der Bergeshöhe abhängig machen. Es kommt immer darauf an, wie diese Software programmiert ist.

So wurde in Europa geschummelt

Ganz einfach. Man hat bei VW das AGR System nur am Prüfstand aktiviert, nicht jedoch auf der Straße. Eine eigene Umschalteinrichtung im Motorsteuergerät sorgte dafür. So konnte praktisch keine Senkung der Stickstoffoxide auf der Straße stattfinden.

So läuft das Update in Europa

Volkswagen musste bisher nicht offenlegen, was beim Software-Update genau passiert. Zu erwarten gewesen wäre, dass die AGR nun auch im Straßenbetrieb stets geschaltet wird.

Mitnichten. Gestützt auf ein VW Geheimpapier deckten Medien auf, dass Volkswagen auch nach dem Update noch Abschalteinrichtungen in die Autos eingebaut hat, die weiterhin zwischen Prüfstand- und Straßenverkehr unterscheiden (aus dem VW-internen Geheimpapier „Entscheidungsvorlage: Applikationsrichtlinien & Freigabevorgaben EA189", „priviledged &

Confidential" vom 18. November 2015 zitierten der Spiegel und das Fernsehmagazin ZDFzoom am 7. Juni 2017 und die österreichische Tageszeitung der Standard am 21/22. Juni 2017 und die Deutsche Umwelthilfe).

Eine dieser Abschalteinrichtungen macht es möglich, das AGR-System immer nur bei warmen Außentemperaturen zwischen +15 und +33 Grad Celsius zu aktivieren. Sinkt das Thermometer unter +15 Grad oder steigt es über +33 Grad wird das AGR weggeschaltet. Für Deutschland und Österreich bedeutet dies, dass die AGR-Systeme mindestens sechs Monate im Jahr nicht funktionieren.

Im Klartext: Die Zulassungsbehörde KBA hat Volkswagen diese „Thermofenster" ganz offiziell erlaubt. Aus dem zitierten Papier geht hervor, dass Volkswagen als weitere Applikationsrandbedingungen eine Höhe bis zu 1.000 Meter gewährt wurde: über 1.000 Meter Meereshöhe greift die AGR auch nicht.

Der großer Unterschied: Das totale Wegschalten der AGR auf der Straße war als „illegale Abschalteinrichtung" eingestuft worden. Das zeitweise systematische Wegschalten der AGR durch solche „Thermofenster" ist vom Kraftfahrt-Bundesamt (KBA) im Zuge des Updates genehmigt worden.

2.1.2 – AGR plus Stickstoffoxid-Speicher-Katalysator

Bei den manipulierten Autos der Mittelklasse (2 Liter), die zwischen 2008 und 2011 auf den US-Markt kamen, hat Volkswagen zusätzlich zum AGR auch noch einen DeNox-Katalysator installiert. Denn in Kalifornien lag der Grenzwert für Stickstoffoxid schon im Jahr 2008 bei nur 31 Milligramm pro Kilometer.

Mit einem simplen AGR System wäre dieser strenge Wert keinesfalls zu erreichen gewesen. Volkswagen hat sich dafür entschieden, in die in den USA zuerst verkauften Jetta (2008) und Tiguan (2009) nur das DeNOx Speicher Katsystem einzubauen und nicht die teure Harnstoffeinspritzung mit SCR-Kat (siehe

Punkt 2.1.3), obwohl letztere zu diesem Zeitpunkt bereits bekannt und von Daimler und Audi bei meist größeren Modellen installiert wurden.

Wie funktioniert dieses System? Dabei wird das AGR System durch einen Stickstoffoxid-Katalysator (DeNOX-Speicherkat) ergänzt. Denn der „innermotorische" AGR-Kreislauf kann Stickstoffoxid nicht zur Gänze abbauen, selbst wenn er perfekt läuft. An den Innenschichten des Katalysators wird Stickstoffoxid festgehalten und in gewissen Abständen bei umgeschalteten Motorbetrieb (sogenannte Fett-Peaks) gesäubert. Das Problem: Dafür braucht das Auto hohe Temperaturen und mehr Kraftstoff.

Zusätzliche Probleme ergeben sich durch ein Phänomen, das wir schon vom AGR kennen: Bei sehr kalten Außen-Temperaturen kann es zu Fehlfunktionen oder gar einem Bauteilausfall kommen. Ein ausnahmsweises Abschalten der DeNOx-Systeme ist zwar erlaubt - aber nur zeitweise und nur zum Schutz der Motorbauteile. Ähnlich wie beim AGR stellt sich die rechtliche relevante Frage, ob und wie lange die DeNOx-Systeme deaktiviert bleiben dürfen und ob die Behörden dies genehmigt haben.

So wurde in den USA geschummelt

Nur auf dem Prüfstand wurde das DeNOx-System voll in Funktion gesetzt, sodass alle Stickstoffoxid Grenzwerte locker erfüllt werden konnten. Eine eigene Umschalteinrichtung im Motorsteuergerät sorgte dafür, dass im Straßenmodus das DeNOx System komplett oder teilweise ausgeschaltet blieb, sodass der stickstoffoxidsenkende Effekt ganz oder zum größten Teil ausblieb.

So lief das „Update" in den USA

Spätestens bei den Software-Updates in den USA stellte sich heraus, dass es nicht möglich ist, das DeNOx-System auf der Straße ständig einzuschalten, weil dann Langzeitprobleme auftauchen, wie Ablagerungen in den Nachbehandlungsbauteilen (wie DeNOx Kat oder AGR System) sowie erhöhter Verbrauch und schlechteres Motoransprechverhalten.

Eine nachträgliche „Reparatur“ solcher reinen DeNOx Systeme auf US Abgasstandard ist technisch schwierig. Man müsste größere Systeme einbauen, einen größeren Kat, Rohre und einen größeren AGR-Kühler. Den dafür nötigen Platz gibt es in den Fahrzeugen nicht. Eine solche Nachrüstung wäre für diese sieben bis zehn Jahre alten Fahrzeuge teurer als deren Zeitwert und daher wirtschaftlich unsinnig.

Jetzt wird klar, warum in den USA die meisten Autos der Mittelklasse von Volkswagen zurückgekauft werden mussten!

2.1.3 - Harnstoffeinspritzung mit SCR-Katalysator

Die viel aufwändigere und teurere Harnstoffeinspritzung mit SCR-Katalysator wurde in den USA in den manipulierten Autos der Oberklasse (3 Liter-Motoren) sowie im Passat 2011 installiert. Auch in die Autos der Abgasnorm Euro 6 wurden sie eingebaut, die ab 2015/16 in Europa verkauft wurden. Ziel war es, den nunmehr auf 80 Milligramm pro Kilometer gesenkten Grenzwert für Stickstoffoxid einhalten zu können. Größere schwere Modelle wie alle 6-ZylinderDiesel wurden mit SCR ausgestattet, ebenso die Bluetec Modelle von Daimler.

Wie funktioniert dieses aufwändigere System?

Während das AGR-System samt DeNox-Kat meist direkt neben dem Motor liegt, wird die Harnstoffeinspritzung mit SCR-Katalysator hinten im Auspuff-Bereich platziert.

Dieses System funktioniert so: Das im Zylinder entstandene Stickstoffoxid wird durch einen - oder neuerdings sogar zwei - hintereinander liegende Katalysatoren gejagt. Zuvor aber wird eine wässrige Harnstofflösung („AdBlue“) dazu gemischt. Diese kommt aus einem eigenen Tank und sorgt dafür, dass sich Stickstoffoxid in seine harmlosen Bestandteile Stickstoff und Wasserdampf auflöst und um 90 bis 95 % sinkt. Es ist ein chemischer Prozess, bei dem allerdings im Katalysator drinnen unweigerlich das hochgiftige Ammoniak anfällt.

Damit das Ganze funktioniert, muss die Harnstofflösung regelmäßig und in passender Menge zugeführt werden. Auf die Dosis kommt es an: mit zu wenig „AdBlue" klappt die Auflösung nicht. Bei zuviel „AdBlue" besteht die Gefahr, dass das giftiges Ammoniak („Ammoniak-Schlupf") aus dem Auspuff herausströmt.

Fazit: Die Einspritzung muss sehr präzise sein und die Harnstofftanks müssen entweder groß genug sein oder in regelmäßigen Abständen nachgefüllt werden.

Damit ist das Spiel aber noch keineswegs gewonnen. Wieder spielt die Temperatur die Hauptrolle, besser gesagt, die Hitze. Ohne Backofentemperatur - ab 170 Grad Celsius - tut sich im Katalysator rein gar nichts: Tote Hose. Der chemische Zerlegungsprozess findet dann nicht statt.

Da sich alles im Auspuff abspielt - weit entfernt vom Motor und seiner Hitze - ist man hier von den Außentemperaturen besonders stark abhängig.

So wurde geschummelt

Die Dosierung von Harnstoff wurde verringert, sowohl in Autos in Amerika als in Europa. In der Folge konnte die Abgasreinigung bei vielen Autobahnfahrten gar nicht effizient sein und es wurde zuviel Stickstoffoxid durch den Auspuff geschleudert. Warum? Einerseits sollten die Tanks nicht zu groß sein, weil sie Platz rauben und das Auto verteuern. Andererseits wollte man es den Kunden in den USA ersparen, das klebrige Zeug regelmäßig und eigenhändig nachfüllen und zahlen zu müssen. Dank der geringeren Mengen von „AdBlue" reichten die Tanks bis zum nächsten Service konnten von den Kfz-Mechanikern nachgefüllt werden – ganz ohne die Kunden zu belästigen.

Man halte sich vor Augen: da wird aufwändig ein System entwickelt, produziert, zertifiziert, eingebaut, stolz herumgereicht, massiv beworben und sogar prämiiert. Und dann setzt man es still und leise gleich wieder außer Kraft.

In einem Kartellverfahren der EU-Kommission (Exklusivbericht Spiegel 18.8.2017), dessen Ende noch offen ist, wird geprüft, ob sich die europäischen Hersteller bei der Größe der Tanks bzw. bei der Dosierung des Harnstoffes in illegaler Weise abgesprochen haben.

So laufen die Updates

Mit Hilfe von Software-Updates kann die Zufuhr des Harnstoffs nachträglich besser dosiert werden. Das ist aber nur ein Teil der Lösung. Selbst bei richtiger Dosis kann diese hoch gelobte „AdBlue"-Technik nur bei ausreichend hohen Temperaturen wirklich funktionieren. Das liegt im Wesen der Chemie: chemische Prozesse benötigen eine gewisse Aktivierungstemperatur, um in die Gänge zu kommen.

Die Schlüsselfrage ist, ob Stickstoffoxide auch im Winter bei kaltem Motor oder niedriger Last (Kriechverkehr oder „Stopp und Go" in der Stadt) gesenkt werden können.

Wird die Dosis für die Harnstoffeinspritzung erhöht, muss man nachher viel öfter „AdBlue" kaufen. Für eine effektive Abgasreinigung gilt die „5 Prozent Regel": 5 Prozent des Dieselverbrauchs muss an „AdBlue" dazu gegeben werden. Braucht ein Auto 8 Liter Diesel pro 100 km, müssen pro 1.000 km vier Liter Harnstoff dazugegeben werden. (Fokus Online vom 17.8.2017 in Berufung auf einen deutschen Insider, Herrn G., der für Autokonzerne AdBlue Lösungen entwickelt hat.) 5 Liter „AdBlue kosten rund 10 Euro.

Solche Folgen werden Konsumenten oft gar nicht oder nur indirekt kommuniziert. So bekam eine Audi-Kundin in Österreich nach dem Update einen Gutschein von 100 Euro geschenkt – als Kompensation für den künftigen Mehrverbrauch von „AdBlue". Wieviel mehr „AdBlue" sie künftig brauchen würde, wurde ihr dezent verschwiegen.

Spannend wird die Frage des „Updates" vor allem auch in den USA, wo strengere Grenzwerte auch auf der Straße einzuhalten sind. Werden es Volkswagen, Audi und Porsche schaffen, jene 60.000 Autos so umzurüsten, dass ihnen die US-Behörden CARB oder EPA ihren Sanktus geben wird? Ansonsten müssen sie auch diese 60.000 zurückkaufen, was den Preis für den erzielten Vergleich auf stolze vier Milliarden in die Höhe schnellen ließe.

Kann man einem Auto mit simpler AGR nachträglich noch eine Harnstoffeinspritzung samt SCR-Katalysator in den Auspuff bauen, damit es sauberer wird? Also ein Auto der Abgasnorm Euro 5 zum Auto der Abgasnorm Euro 6 aufwerten? Ein echtes Upgrade statt ein Update? Dazu mehr unter dem Kapitel 6 (Echte „Nachrüstungen" – Bitte warten). Es stellt sich immer die Frage, ob Nachrüstungen technisch und ökonomisch sinnvoll sind, und ob sie eine wesentliche Senkung der Stickstoffoxide bringen können.

Ein Wort zur Zukunft des Diesel: Mit mehr Aufwand und Geld ist das Abgasproblem durchaus zu lösen. Man kann den Abgas-Kat ganz nahe am Motor („Motornahes System") und an dessen Wärme andocken. Oder einen kleinen Kat, der sich schnell aufheizt, gleich nach dem Zylinder anordnen. Mit sogenannten „Thermomanagement"-Maßnahmen kann der DeNOx-Kat auch bei kaltem Motor „zum Leben erweckt" werde, mit sehr guten Ergebnissen. Für weitere Verbesserungen – sog. Zero Emission Vehicle - arbeiten Zulieferfirmen wie Bosch oder Continental derzeit fieberhaft an Lösungen, die Temperaturen konstant hochhalten können. Ihre im Frühjahr 2018 beim Motorensymposium (27.4.2018) in Wien vorgestellten Beispiele sind aber noch teuer und voraussichtlich erst ab 2020 serienreif.

2.2 - Der Sinn der technischen Abgasnormen

Stickstoffoxid ist ein Abgas, das die Lungen der Menschen schädigt, zur Ozon- und Feinstaubbildung beiträgt und dazu führt, dass Menschen vorzeitig sterben. Es ist ein Schadstoff, der primär von Dieselmotoren stammt. Ein krasses Problem in Europa, wo fast die Hälfte aller Fahrzeuge „Selbstzünder" sind.

Das Problem wurde erkannt und gesetzlich geregelt. Seit den 90er-Jahren werden die Abgasvorschriften für Autos alle paar Jahre verschärft. Das soll sicherstellen, dass sie immer sauberer werden, zum Schutz von Mensch und Umwelt.

Die gesetzlich vorgeschriebenen „Abgasnormen" legen genau fest, wieviel Abgase ein Auto höchstens ausstoßen darf. Es geht um vier verschiedene Abgase: Stickstoffoxid (NOx), Feinstaub (Ruß), Kohlenmonoxid (CO) und Kohlenwasserstoffe (HC). Die maximal zulässige Menge für diese vier Übeltäter, die bei der Verbrennung im Motor entstehen, sinkt von Abgasnorm zu Abgasnorm. Es ist jede Mal ein zäher Verhandlungsprozess zwischen EU-Gremien und der Autobranche, die mit auf dem Tisch sitzt.

Abgasnorm Euro 5:

Automodelle die zwischen 2011 und 2015 in Europa verkauft (und seit 2009 typisiert) wurden, müssen der Abgasnorm Euro 5 entsprechen, mit einem Grenzwert für Stickstoffoxid von maximal 180 Milligramm pro Kilometer.

In der Praxis schaut es so aus, dass Dieselfahrzeuge der Kategorie Euro 5 den geltenden Grenzwert von 180 mg/km um den Faktor 4 bis 5 überschreiten, d.h. 720 bis 900 Milligramm pro Kilometer emittieren (Handbuch für Emissionsfaktoren des Straßenverkehrs, veröffentlicht durch das deutsche Umweltbundesamt im Oktober 2015).

Abgasnorm Euro 6:

Automodelle, die seit 2015 in Europa verkauft (und seit 2014 typisiert) wurden, müssen bereits die viel strengere Abgasnorm Euro 6 erfüllen, mit einem Grenzwert für Stickstoffoxid von maximal 80 Milligramm pro Kilometer

Für Modelle, die ab September 2018 auf den Markt kommen gilt die Abgasnorm Euro 6c, die mit dem strengeren, etwas realistischerem Fahrzyklus WLTPC gemessen wird.

Für Modelle, die ab September 2019 auf den Markt kommen (seit September 2017 typisiert) gilt Abgasnorm Euro 6d-temp. Sie wurde als Folge des Abgasskandals verschärft und vorgezogen. Erstmal wurde ein genauer Wert für die Straße fixiert. Solche Autos dürfen auf der Straße maximal 168 Milligramm Stickstoffoxid pro Kilometer ausstoßen, das 2,1 fache des Grenzwertes von 80 Milligramm pro Kilometer.

Für Modelle, die ab Jänner 2020 typisiert werden und ab Jänner 2021 auf den Markt kommen, gilt die Abgasnorm Euro 6d. Sie müssen auf der Straße 120 Milligramm pro Kilometer einhalten, also das 1,5 fache des Grenzwertes.

Zufall oder nicht? Audi hat laut einem internen Strategiepapier schon am 18. Juni 2012 vorhergesehen, welche Schadstoffwerte machbar seien, falls die tatsächlichen Schadstoffwerte gelten. Herausgekommen sind genau die jetzt bevorstehenden

Werte: 168 und 120 Milligramm pro Kilometer (Süddeutsche Zeitung 25.8.2017).

Der Rechercheverbund Süddeutsche Zeitung, WDR, NDR deckte (23.9.2016) die Rolle des damaligen Bayrischen Ministerpräsidenten Horst Seehofer bei der Verhinderung strenger Sickoxid-Werte in Europa auf: Die Kommission wollte ab 2017 nur eine Überschreitung des Grenzwertes von 80 auf 130 mg/km tolerieren, Seehofer hingegen auf 160 mg/km. Ab 2019 wollte die EU-Kommission eine Überschreitung bis 100 mg/km hinnehmen, Seehofer pochte auf 120 mg/km. Seehofers Papier vom 27. Oktober 2015 wurde am Tag danach von der EU-Kommission beschlossen.

In den USA, speziell in Kalifornien, galten für Stickstoffoxid schon seit 2008 viel strengere Grenzwerte: nur 31 Milligramm pro Kilometer sind in Kalifornien erlaubt, wo die strengsten Abgasvorschriften herrschen. Ausschlaggebend dafür ist der enorme Smog, unter dem Mega-Städte wie etwa Los Angeles leiden.

Kapitel 3 – Behördenversagen bei Software-Updates

Nach dem Auffliegen des Abgasskandals in Europa bot Volkswagen zunächst nur einen freiwilligen Rückruf der Schummel-Autos an. Ganz nach dem Motto: Wir machen ohnehin alles wieder gut. Es gäbe keinen Grund, geschädigten Kunden auch noch Geld zu zahlen wie in Amerika.

Auf Druck des deutschen Verkehrsministers wurde der Rückruf der Fahrzeuge dann aber doch gesetzlich angeordnet. Am 15. Oktober 2015 rief das Kraftfahrt-Bundesamt (KBA) europaweit 8,5 Millionen Fahrzeuge zurück, davon 2,5 Millionen in Deutschland und 384.000 in Österreich.

Zurückgerufen wurden Autos mit dem EA189-Motor mit 1,2, 1,6 und 2,0 Litern Hubraum der Baujahre 2008 bis 2015.

- **Volkswagen:** Polo V, Golf VI, Golf Plus, Jetta VI, Beetle, Passat B6, Passat B7, CC, Touran I, Sharan II, Tiguan, Scirocco, Amarok, Caddy, T5, Eos
- **Audi:** A1, A3 8P, A4 B8, A5, A6 C6, A6 C7, Q3, Q5, TT 8J
- **Škoda:** Fabia II, Rapid, Roomster, Octavia II, Superb II, Yeti
- **Seat:** Ibiza IV, Leon II, Toledo III, Toledo IV, Exeo, Altea/Altea XL, Alhambra II

Wer als Kunde sein Auto nicht zum gesetzlich verordneten „Software-Update" in die Werkstätte bringt, droht die Zulassung zu verlieren, sowohl in Österreich als auch in Deutschland.

Kennen sie die russische Babuschka? Wer hinter die Kulissen dieser Rückrufe schaut, kommt sich vor wie bei dieser pausbäckigen Bauernpuppe. Im „Bauch" eines Skandals steckt ein weiterer Skandal. Nur ist dieser mindestens ebenso groß wie der vorangegangene.

Beleuchten wir die Vorgaben und die Folgen dieses Rückrufes näher. Dann werden wir sehen, dass die Behörde völlig versagt hat, Volkswagen der Gewinner ist und Gesundheit, Umwelt und Konsumenten auf der Strecke geblieben sind.

3.1 - Kein Senkungs-Ziel für Stickstoffoxid

Kern des „Abgasskandals" ist, dass manipuliere Autos auf der Straße viel zu viel Stickstoffoxid ausstoßen. Trotzdem gab es von der deutschen Zulassungsbehörde KBA keine kommunizierte Zielvorgabe, um wieviel dieses gesundheitsschädigende Abgas gesenkt werden soll.

Unglaublich aber wahr: Der Auslöser des Skandals spielte beim Rückruf keine Rolle, die Gesundheit der Menschen und der Schutz der Umwelt werden bei der Reparatur des Schlamassels hintangestellt. Möglicherweise hat das damit zu tun, dass der damalige deutsche Verkehrsminister Alexander Dobrindt Umweltministerin Barbara Hendricks beim Update komplett ausschloss.

Vorrangig für das KBA war vielmehr, dass Kraftstoffverbrauch und die CO_2-Emissionen unverändert bleiben mussten, ebenso wie Motorleistung, Drehmoment und Motorgeräusch. Das waren die Ziele, um die sich alles drehte. Sie sind es, die der Konzern ausdrücklich sicherstellen musste. Dafür gab es eine extra „Bescheinigung" für alle, die beim Update waren. Selbst diese „Bescheinigung" stellte Volkswagen nicht sofort und automatisch aus, sondern erst ab 30.11. 2016 und auf Druck der EU-Kommission.

Volkswagen weigerte sich sogar beharrlich, seine Kunden darüber zu informieren, wieviel Stickstoffoxid ihre manipulierten Autos überhaupt auf der Straße produzieren.

Als Besitzerin eines manipulierten Tiguan der Abgasnorm Euro 5 ertrotzte die Autorin nach monatelanger Nachfrage die Auskunft, dass es das 3 bis 4-Fache des Grenzwertes sei. Macht also 540 bis 720 Milligramm bei 180 Milligramm pro Kilometer Grenzwert. Laut Typenschein sollten es aber nur 120 Milligramm pro Kilometer sein (genau: 119,8 mg/km). Der Typenscheinwert wurde damit um das 4,5- bis 6-Fache überzogen. Das ist keine Kleinigkeit. Da liegen ganze Welten dazwischen.

3.2 - VW diktiert der Behörde die Vorgaben

Hinter den Kulissen gelang es Volkswagen, sich bei den Vorgaben für das Software-Update gegenüber der Zulassungsbehörde KBA mehrfach durchzusetzen. Nicht die Behörde bestimmt, wohin der Reparatur-Hase läuft, sondern der Täter. Drei Kriterien sind es, die Volkswagen dem KBA vorgegeben hat: es sind drei „knock out" („Ko") Kriterien gegen Gesundheit, Umwelt und Konsumenten.

Erstens akzeptierte das KBA den gesetzlichen Grenzwert als Maß aller Dinge. Dass im Typenschein vieler Autos ein viel niedrigerer Stickstoffoxid-Wert ausgewiesen ist, wird völlig beiseite gewischt. Selbst wenn der Typenscheinwert um ein Drittel unter dem Grenzwert liegt.

Das muss man sich auf der Zunge zergehen lassen: eine Zulassungsbehörde denkt nicht daran, das einzufordern, was im behördlich ausgestellten Zulassungspapier schwarz auf gelb steht. Sie zwingt Volkswagen nicht dazu, dieses Versprechen an die Kunden auch einzuhalten. Pech gehabt, wer dem Typenschein und der Werbung traute und sich deswegen für dieses Fahrzeug entschieden hatte.

Zweitens war das KBA auch damit einverstanden, dass die gesetzlichen Grenzwerte lediglich auf dem Prüfstand einzuhalten sind und nicht auf der Straße.

Die deutsche Zulassungsbehörde schloss sich damit nahtlos der Rechtsmeinung von Volkswagen an, wonach die Abgasnorm (=Grenzwert) nur in der Theorie (im Labor) gelte und nicht in der Praxis (auf der Straße).

Diese Gesetzesinterpretation ist schlicht und ergreifend falsch, meinte die deutsche Umweltorganisation „Deutsche Umwelthilfe“ (DUH). Die maßgebliche EU-Verordnung 715/2007 unterscheidet nicht zwischen Abgaswerten am Prüfstand und in der freier Wildbahn (Copyright „Der Standard“ vom 26.6.2017). Nur solche Fahrzeuge dürfen zum Verkehr zugelassen werden, die keinen übermäßigen Schadstoffausstoß haben und Grenzwerte einhalten. Laut Artikel 5 dieser EU-Verordnung hat ein Hersteller das Fahrzeug so auszurüsten, dass es „unter normalen Betriebsbedingungen“ dieser Verordnung entspricht.

Es dauerte bis Oktober 2017, bis es der DUH und ihrem umtriebigen Geschäftsführer Jürgen Resch gelang, diese Rechtsmeinung per Gericht auch durchzusetzen. Das Oberlandesgericht Düsseldorf hat in seinem Spruch vom 20. Oktober 2017 (Az: I-16 U 87/17 - 12 Q 68/17, siehe Pressemitteilung der DUH vom 25.10. 2017) ausdrücklich bekräftigt: Die europäischen Zulassungsvorschriften (EG 715/2005 und 692/2008) schreiben eine „ordnungsgemäße Abgasreinigung“ nicht nur während der ca. 20-minütigen Laborprüfung verbindlich vor, sondern ausdrücklich „in normal use“, d.h. unter normalen Straßenbedingungen, im heißen Sommer wie im kalten Winter. Abschalteinrichtungen wie bei Volkswagen festgestellt, sind als illegal zu verbieten.

Der wegweisende Spruch des Oberlandesgerichts Düsseldorf fiel nicht vom Himmel, sondern in einem Gerichtsverfahren, das die DUH angestrengt hatte. In diesem Verfahren hatte die von Volkswagen beauftragte Anwaltskanzlei Feshfields noch argumentiert, dass alleine die unter Laborbedingungen gemessenen Werte maßgeblich seien, während die Werte, die im realen Fahrbetrieb gemessen werden, „vollkommen unerheblich“ seien.

Als Fragen bleiben offen: Wie kommt es, dass ausgerechnet eine staatliche Zulassungsbehörde die zulassungsrelevanten Gesetze falsch interpretiert? Und: Seit wann ist es der Sinn von Umweltvorschriften, die Luft im Labor zu verbessern und nicht die reale Luft im realen Leben?

Drittens ist es Volkswagen gelungen, beim KBA nicht nur „Thermofenster" durchzusetzen (siehe Kapitel 2 - Von Technik und Normen), sodass die AGR in kalten Jahreszeiten nicht aktiviert wird. Es gelang Volkswagen auch noch spezielle „Zielwerte" zu fixieren, sodass die Autos nach dem Update auf der Straße bis zu 900 Milligramm pro Kilometer Stickstoffoxid ausstoßen durften; bis zum fünffachen des gesetzlichen Grenzwertes. Ganz legal - mit dem offiziellen Sanktus der Behörde.

Aufgeflogen ist das Ganze durch ein VW-internes Geheimpapier („Entscheidungsvorlage: Applikationsrichtlinien & Freigabevorgaben EA189", „priviledged&Confidential" vom 18. November 2015) aus dem der Spiegel, das Fernsehmagazin ZDFzoom (7. Juni 2017) und der Standard (21/22. Juni 2017) zitierten.

Für *Autos der Abgasnorm Euro 5*, auf die der größte Teil der manipulierten Autos entfällt, schauen diese Zielwerte wie folgt aus:

- Auf dem *Prüfstand*: 160 Milligramm pro Kilometer, also knapp unter dem gesetzlichen Grenzwert von 180 mg/km.
- *Realer (RDE) Ausstoß auf der Straße*: 540-900 mg/km, also das 1,5 bis 2,5 Fache des gesetzlichen Grenzwertes.
- *Autobahnzyklus* (ADAC-BAB-Test): 720 -1.080 mg/km, das 4 bis 6-Fache des Grenzwertes.

Man beachte: Auf dem Höhepunkt des Abgasskandals gab Volkswagen selbstherrlich Zielwerte für Stickstoffoxid vor. Den

Tätern ist es gelungen, bei der Zulassungs- und Kontrollbehörde dermaßen weiche und gesetzeswidrige Vorgaben durchzusetzen, dass es von vornherein nicht nötig war, den Stickstoffoxidausstoß auf der Straße durch das Update zu senken.

3.3 - Kein Zwang zur Offenlegung

Was beim Software-Update genau passiert, musste Volkswagen nur der deutschen Behörde gegenüber offen legen. Das alleinige Wissensmonopol bekam ausgerechnet jenes KBA, das als Zulassungsbehörde die Manipulationen jahrelang übersehen hatte. Nun musste das KBA die Software-Updates für jedes einzelne Modell freigeben.

Das KBA ist eine Behörde, die sehr stark vom deutschen Verkehrsministerium abhängt und den Ruf hat, nicht gerade herstellerfeindlich zu sein. Eine Behörde, die weit über die Landesgrenzen Deutschlands hinaus wirkt: Deutsche Autos, die einmal vom KBA genehmigt wurden, sind in ganz Europa zugelassen.

Außer dieser Behörde und den 250 involvierten VW Technikern weiß niemand, was beim Aufspielen der Software genau passiert. Selbst die VW Mechaniker in den Marken-Werkstätten sind völlig ahnungslos.

Erinnern Sie sich? Auch in den USA ließ sich Volkswagen beim freiwilligen Software-Update (Dezember 2014 bis Frühjahr 2015) nicht in die Karten schauen und nützte es eiskalt dazu, die Schummel-Software auch noch zu optimieren, statt Stickstoffoxide zu verringern (ARTE/ZDF „Die Macht und ihr Preis. Die Akte Volkswagen von 23.7.2018). In ganz Europa wird gemauert, um zu vertuschen, dass das Ganze nicht viel Stickstoffoxid-Vermeidung bringen kann.

Ohne den „Quellcode“ des Updates preis zu geben, behauptete der Konzern steif und fest, dass es keine Nachteile für die Kunden gäbe.

Wer aber nicht weiß, was sich beim Update genau abspielt, kann Folgeschäden weder seriös abschätzen noch ausschließen, schon gar nicht langfristig (Sachverständiger Werner Tober bei einer Fachtagung am 12. Februar 2017 für gerichtlich beeidete Sachverständige in Bad Gastein, Österreich). So weit so logisch.

3.4 - Unwirksame Stickstoffoxid-Senkung

Was bringen diese „Software-Updates" der Umwelt? Kommen nun weniger Stickstoffoxide aus dem Auspuff? Volkswagen hält sich über das Ausmaß von Stickstoffoxid-Senkungen nach außen hin völlig bedeckt und setzte nach innen, beim KBA, die laschen „Zielwerte" durch, sodass ein upgedatetes Auto nachher bis zu 900 Milligramm pro Kilometer Stickstoffoxid durch den Auspuff jagen durfte.

900 Milligramm pro Kilometer? Das ist genau der Durchschnittswert, den das deutsche Umweltbundesamt für Diesel-Autos der Abgasnorm Euro 5 erhoben hat. In Österreich sind es knapp unter 900 Milligramm pro Kilometer.

Fazit: Mit diesem „Zielwert" wurde die Realität zementiert.

Schauen wir uns anhand zweier Fallbeispiele an, ob das in der Praxis klappte.

Fall 1

Bei den Vorher/Nachher-Tests der drei Autofahrerclubs ADAC (Deutschland), ÖAMTC (Österreich), TCS (Schweiz) stießen alle sieben getesteten Fahrzeuge nach dem Update mehr Stickstoffoxid auf dem Prüfstand aus als vorher (gemessen mit dem NEFZ), unterschritten dabei aber immer noch den gesetzlichen Grenzwert.

Ein Test-Tiguan tanzte völlig aus der Reihe. Er schnitt beim Stickstoffoxid bei sämtlichen Testzyklen schlechter ab als vorher. Im Autobahn-Zyklus jagten die Stickstoffoxid-Emissionen sogar von 712 auf unglaubliche 1.624 Milligramm pro Kilometer hinauf.

Dieser Test-Tiguan schoss sogar über die großzügigen „Zielwert" hinaus, der beim Autobahnzyklus mit maximal 1.080 mg/km limitiert war. Dass die Stickstoffoxide steigen statt sinken hat wohl mit der Existenz der „Thermofenster" (zwischen 15 und 33 Grad) zu tun, denn beim Nachher-Test herrschte 8 Grad Außentemperatur, sodass die AGR ausgeschaltet blieb.

Fazit: Volkswagen hält sich ziemlich genau an die Vorgaben fürs Update. Wegen der Existenz der „Thermofenster" ist Stickstoffoxid-Ausstoß in kalten Jahreszeiten logischerweise höher.

Wer die Latte tief genug legt, kann leicht drüber springen.

Fall 2

Im Februar und März 2017 führte das Emissions-Kontroll-Institut (EKI) der Deutschen Umwelthilfe (DUH) Straßenmessungen vor und nach dem Software-Update eines VW Golf VI (Euro 5) durch.

- Stickstoffoxid auf der Straße vor Update: 964 mg/km
- Stickstoffoxid auf der Straße nach Update: 602 mg/km
- Stickstoffoxid laut Abgasnorm Euro 5: 180 mg/km

Die Stickstoffoxide wurden zwar um 37 % reduziert, der gesetzliche Grenzwert noch immer um das 3,3-Fache überstiegen.

Wie wir sehen, erfüllt Volkswagen auch hier wieder die selbstgesteckten „Zielwerte" und schafft eine Absenkung des Stickstoffoxid-Ausstoßes in warmen Jahreszeiten.

Doch der Fall 2 blieb nicht ohne Folgen. „Über 600 Milligramm Stickstoffoxid pro Kilometer sind erschreckend", fand DUH-Geschäftsführer Jürgen Resch. Er klagte beim Verwaltungsgericht Schleswig gegen die Rückrufanordnung des KBA, da diese „offenkundig ungeeignet ist sei", rechtmäßige Zustände herbeizuführen. Volkswagen konterte sofort und erwirkte vom Landesgericht Düsseldorf eine einstweilige Verfügung: 250.000 Euro Ordnungsgeld oder ersatzweise Haft bis zu sechs Monaten drohten Resch als Sanktionen, falls er die Software-Updates weiterhin als unwirksam abwerten würde. Resch ließ sich nicht einschüchtern und legte Berufung ein.

Sieben Monate später gab ihm das Oberlandesgericht Düsseldorf mit einem wegweisenden Urteil vollkommen Recht (Urteil vom 20.10.2017, Az: I-16 U 87/17 - 12 Q 68/17). In der Tat, ein bemerkenswertes Urteil. Das Oberlandesgericht schloss sich nicht nur der DUH-Rechtsmeinung an, dass die Grenzwerte auch auf der Straße einzuhalten sind und nicht nur im Labor (siehe Pkt. 3.2), sondern stützte die Rechtsposition der DUH in zwei weiteren wesentlichen Punkten:

Erstens darf die DUH von Rechtswidrigkeit der VW-Diesel-Pkw sprechen, wenn trotz Software-Update bei Straßenmessungen stark erhöhte Realemissionen des Dieselabgasgiftes Stickstoffoxid gemessen würden.

Auszug aus dem Urteil: „Zwischen den Parteien steht außer Streit, dass die Verfügungsbeklagte tatsächlich Straßenmessungen mit einem VW Golf Diesel (Euro 5) durchgeführt hat, bei dem der gesetzliche Grenzwert um den Faktor 3,3 überschritten wurde. Das bedeutet: Die Tatsachen, aus denen die Verfügungsbeklagte ihre Folgerungen zieht, sind wahr." Somit darf die Umwelt- und Verbraucherschutzorganisation ihre Rechtsansichten zur weitgehenden Unwirksamkeit des Software-Updates bei einem VW-Golf Diesel und zur Rechtswidrigkeit der vom Kraftfahrt-Bundesamt genehmigten Rückrufanordnung wieder äußern.

Zweitens darf die DUH in Zukunft weiter behaupten, dass die vom KBA genehmigte Rückrufanordnung rechtswidrig sei.

Nach Auffassung des Gerichts und der DUH ist das Update „unwirksam", wenn nachher auf der Straße der Grenzwert noch immer um das 3,3 Fache überschritten wird! DUH kann behaupten, dass die vom KBA genehmigten Rückrufe rechtswidrig seien, weil sie nicht der Lage sind, den rechtmäßigen Zustand her zu stellen.

Wieder ist es eine engagierte Umweltorganisation, die nicht aufgibt und über den Rechtsweg versucht, die Einhaltung von Gesetzen zu erreichen.

3.5 - Schäden nach Updates

Je mehr Zeit verrinnt, desto massiver dringen die Probleme nach den Software Updates an die Öffentlichkeit. Bereits im Oktober 2016 klagten die ersten Fahrzeughalter über negative Folgen.

Laut Wirtschaftswoche berichtete die Hälfte der 176 Befragten über unangenehme Nebenwirkungen: Die Autos „ruckeln", die „Stopp and Go" Automatik funktioniere nicht, ein Tiguan musste wegen des kaputten AGR-Ventils ein zweites Mal in die Werkstätte.

Bei Volkswagen wurde in gewohnter Manier zunächst abgestritten, dass es nach der „Umrüstung" zu „negativen Veränderungen am Fahrzeug kommt."

Laut Porsche Holding funktioniere das Update, die Probleme seien „von akademischer Natur" und würden von „Rechtsanwälten instrumentalisiert" (AUTO-Information 2397/24 von 2017).

Stotternde Motoren? Kein Zusammenhang mit dem Update. Das Auto, das nicht mehr so zieht? Alles nur Einbildung. Ein Auto, das bisher reibungslos funktioniert hat und plötzlich mitten auf der Autobahn stillsteht? Mitnichten, hat alles nichts mit dem Update zu tun.

So wurden Betroffene ein zweites Mal zu Opfern.

Dann ein starker TV-Auftritt eines VW Insiders im Mai 2017 in der Sendung „Automobil" (tvnow.at). 5 Prozent der zurückgerufenen Autos hätten anschließend Probleme. Der Mann rät den Kunden „hartnäckig zu bleiben" und erzählt, wie Volkswagen in solchen Fällen vorgehe: Leugnen, bis es nicht mehr geht.

Die Kundenklagen kumulierten. Im Mai 2017 gab der damalige VW Marken- und aktueller Konzernchef Herbert Diess erstmals offiziell Probleme zu. Im Interview mit der österreichischen Fachzeitung AUTO-Information (2369/2017) schränkte er aber sofort wieder ein: „Weniger als ein Prozent ist unzufrieden mit den Maßnahmen, alle anderen sind mit der Umrüstung einverstanden."

Hochgerechnet auf den aktuellen Rückrufstand wären das „bis zu" 70.000 Problemfälle in ganz Europa, davon 21.000 in Deutschland und 3.413 in Österreich. Träfen die Aussagen des Insiders zu, kämen man zu ganz anderen Summen: auf „bis zu" 350.000 Problemfälle in ganz Europa, davon knapp 150.000 in Deutschland und 17.000 in Österreich.

Langsam wurde es auch den eigenen VW Händlern zuviel. In Deutschland ritt der Händlerverband (VAHV) eine ungewöhnlich scharfe Attacke gegen den eigenen Konzern. „Die Täuschung von VW hat VW Kunden verärgert. Lange waren wir dabei ziemlich gelassen. Aber das ändert sich jetzt", drohte VAHV-Präsident Dirk Weddingen von Knapp, der für alle 2.400 deutsche Partnerstandorte spricht. Die Umrüstung laufe nicht wie geplant. Das zentrale IT-System, das das richtige Software-Update liefern muss, falle immer wieder tageweise aus (Süddeutsche 17.5.2017).

Im Herbst 2017 dokumentiert der Verein für Konsumenteninformation (VKI) in Österreich mit einer umfangreichen Umfrage, dass Mangelerscheinungen „danach“ keine Einzelfälle sind:

43% von 9.000 betroffenen Fahrzeug-Haltern meldeten Probleme (siehe dazu Pkt. 8.2).

Beschwerden meldeten Betroffene auch in vergleichbaren Umfragen in Belgien, Italien, Portugal und Spanien.

Im Frühjahr legt die unabhängige Plattform COBIN Claims in Österreich mit einer weiteren Umfrage nach: 51% der über 500 Befragten melden Mängel, manche müssen sogar mehrmals zum Update. Die aufgezählten Beschwerden bestätigen die VKI-Ergebnisse.

Ein spezielles Sicherheitsrisiko schildert ein Kunde gegenüber COBIN Claims wie folgt: „Es leuchtet nun die Kontrollleuchte der Motorsteuerung auf - der Wagen nimmt überhaupt kein Gas mehr an. Ein irrsinniges Sicherheitsproblem - wenn das Auto auf der Autobahn einfach zum Liegen kommt! Laut Mechaniker hängt das mit der Abgasrückführung zusammen, die durch das Update anders getaktet ist. Ein Wahnsinn!!“ (dazu auch: Blog http://www.lydianinz.at/3055/vw-huerden-fuer-dieselklagen/)

Aus Sicht der Porsche Holding sind solche Umfragen völlig einseitig, diese Aussagen seien keineswegs repräsentativ für die Gesamtheit der betroffenen Kunden (AUTO-Information Nr. 2428, 2018).

Wenn Sie das *Kapitel 2 Von Technik und Normen* nicht übersprungen haben, wissen Sie jetzt genau: all die aufgezählten Mängel sind typisch für die Autos mit dem simplen AGR. Offensichtlich wird das stickstoffoxidsenkende AGR-System jetzt fallweise auf der Straße aktiviert. Bei einem Rund-um-die-Uhr Betrieb stößt dieses überholte System aber auf seine Grenzen.

Die halbherzige „Bescheinigung" die EU-Kommissarin Jourová nach monatelangem Krampf den Wolfsburger VW-Herren abgetrotzt hat (30.11.2016), hilft wenig weiter, weil sie nicht ausdrücklich auf das Abgasrückführungssystem abzielt.

Auch die von EU-Kommissarin ebenso abgerungene „Zusatzvereinbarung" (14.6.2017) ist praktisch wirkungslos. Sie verspricht zwar den Schutz von Abgasreinigungs-Bauteilen, setzt aber voraus, dass die Kunden selbst nachweisen müssen, dass die aufgetauchten Probleme mit dem Update zusammenhängen. Allein, wie sollen technische Laien diese Umkehr der Beweislast bewerkstelligen? Außerdem gilt sie nur zwei Jahre lang und/oder bis 250.000 Kilometern.

Dass sich die Beschwerden mit der Zeit häufen, ist logisch. Die Nachteile sind oft erst nach einigen Tausend gefahrenen Kilometern oder erst in kalten Jahreszeiten spürbar.

Möglicherweise durch den Gerichtserfolg der DUH im Oktober 2017 motiviert, legte Österreichs neue Konsumentenschutzministerin Beate Hartinger-Klein einen Zahn zu. Mitte Juli 2018 beauftrage sie den VKI damit, Volkswagen zu klagen. Der Konzern soll künftig die Behauptung unterlassen, dass das Software-Update keine Nachteile bringe. Dabei stützt sich der VKI nicht nur auf seine Umfrage, sondern auch auf ein Sachverständigen-Gutachten.

Die juristische Sprache ist offenbar die einzige, die man in Wolfsburg versteht.

3.6 - Doppelter Druck auf Opfer

Die betroffenen Auto-Halter geraten gleich doppelt unter Druck: durch drohende Stilllegungen und schleichendem Wertverlust ihrer Dieselfahrzeuge durch Fahrverbote (siehe Pkt. 8.5).

Während sich die Täter Zeit lassen können, setzt man die Autohalter unter Druck, besonders in Deutschland. Wer 18 Monaten nach dem Rückruf nicht in die Werkstatt zum „Software-Update" fährt, riskiert die Stilllegung des Fahrzeugs. Eine kalte Enteignung, denn mit einem stillgelegten Auto darf man nicht fahren und ein Weiterverkauf wird damit auch – mit Ausnahme als „Ersatzteillager" - unmöglich.

Mitte Juni 2018 berichten deutsche Medien (Süddeutsche Zeitung) von rund 15.000 gefährdeten Fahrzeugen. Auch in Österreich sind Stilllegungen der Fahrzeuge rechtlich möglich, obwohl der seinerzeit wahlkämpfende Verkehrsminister diese Möglichkeit zunächst im TV abgestritten hatte. Ein paar Tage später musste er den möglichen Entzug der Zulassung zugeben.

Eine interessante Umkehrung der Verhältnisse: Druck ausgeübt wird auf die Opfer, nicht auf die Täter.

Zum drohenden Entzug der Zulassung gesellte sich ab Mitte Juli 2017 ein schleichender Werteverfall für gebrauchte Dieselautos vor allem in Deutschland. Auslöser waren die drohenden Fahrverbote für ältere Diesel-Fahrzeuge. Die Diskussion schwappte auch auf Österreich über. Auf eine ausgesprochenen „Dieselhochburg", wo mehr als die Hälfte aller Pkw (Bestand) mit einem Dieselmotor ausgestattet sind. Ein Ende des Wertverlustes für Dieselautos ist momentan nicht abzusehen. Wer kauft sich schon ein Auto, das nicht überall hinfahren darf?

Warum drohen Fahrverbote in Deutschland? Weil sich die Luftsituation in 28 Stadtzentren nicht und nicht verbessern will. Warum das so ist, liegt nach dem Dieselskandal klar auf der Hand: Wie sollen die Stickstoffoxid-Immissionen denn sinken, wenn viel zu viel Autos die meiste Zeit im Schmutzmodus herumkurven? Und so beißt sich die Katze in den Schwanz.

3.7 - Günstige Lösung für Volkswagen

So unerquicklich die Software-Updates für VW Opfer sein mögen – Ärger mit ruckelnden oder liegen bleibenden Autos, drohende Stilllegung und Werteverlust - umso bequemer sind sie für die Verursacher.

Für Volkswagen sind sie definitiv eine finanziell sehr günstige Lösung. Die illegale Abschalteinrichtung wird per Mausklick eliminiert, nur bei den 1,6 Liter Autos ist ein „Luftgitter" einzubauen.

So ein „Software-Update" dauert maximal ein Stunde und kostet laut deutscher Regierung (auf Anfrage der Linken) zwischen 100 und 200 Euro, laut Partnerverband Audi und VW gar nur 70 Euro. (Dirk Weddingen von Knapp, Partnerverband Audi und VW, siehe Spiegel Interview vom 22.2.2018). Für ganz Europa sind das zwischen 600 Millionen und 1,7 Milliarden Euro.

Kosten von maximal 1,7 Milliarden Euro für 8,5 Millionen europäische Kunden stehen Kosten von 25 Milliarden Euro für 555.000 amerikanische Kunden gegenüber. Ein glattes 15: 1 für die Amis. Diese Schieflage ist nicht zu übersehen.

Doch halt. So hoch sind die Kosten gar nicht. Denn der Konzern darf die Kosten für die Software-Updates gewinnsenkend geltend machen, muss also weniger Steuern zahlen. Das bestätigt die deutsche Regierung auf Anfrage der Linken (23.9.2017). Während die Verursacher die Folgen des Dieselskandals zur Steuersenkung nutzen dürfen, bleibt dies privaten Opfern verwehrt. Wenn ihr Pkw anschließend Reparaturen braucht und/ oder an Wert verliert, bringt ihnen das keinen müden Cent an Steuersenkung.

3.8 - Zeitpläne völlig aus dem Ruder

Forsch kündigte der damals neue VW-Chef Matthias Müller im Oktober 2015 einen raschen Rückruf aller 8,5 Millionen Fahrzeuge in Europa an. Bis Ende 1016 sollten alle Updates in Europa durchgezogen sein. Der Mann aus München zeigte Leadership, wollte die ungeliebte „Dieselthematik" so schnell wie möglich vom Tisch fegen.

Doch der detaillierte Zeitplan, den die Wolfsburger Anfang 2016 vorlegten, geriet komplett aus dem Ruder.

Ein Jahr nach Auffliegen des Dieselskandals hatte die deutsche Behörde erst 60 % der betroffenen Fahrzeuge freigegeben: 5,1 von 8,5 Millionen. Die Freigabe für den stark verkauften Passat verzögerte sich um Monate, angeblich weil das KBA einen zu hohen CO_2-Ausstoß bemängelte.

Lediglich 500.000 Autos hatten Mitte 2016 das Update hinter sich. Trotzdem hielt man in Wolfsburg noch bis Anfang August am ursprünglichen Ziel fest, um es einige Monate später doch noch auf Herbst 2017 verschieben zu müssen.

Daraus wurde wieder nichts. Ende 2017 rügte zwar die für Verbraucherschutz zuständige EU-Kommissarin Vera Jourová, Volkswagen wegen des zu langsamen Tempos der Rückrufe. Postwendend schob der Konzern die Schuld dafür dem KBA in die Schuhe. Diese Behörde habe zu lange für die Freigabe gebraucht, ließ die Porsche Holding ausrichten. (AUTO-Information 16.12.2016) Fakt ist, dass das KBA Ende 2017 alle Modelle freigegeben hatte.

Im Sommer 2018, drei Jahre nach Platzen des Abgasskandals, waren in Europa 7 Millionen Fahrzeuge zurückgerufen, davon 2,1 Millionen in Deutschland und 341.373 in Österreich. Laut Rechnung der Porsche Holding sind das 77 % in Europa, 96% in Deutschland und 92% in Österreich. Zählt man die privat importierten Autos dazu, sinkt die Quote auf 89 %.

Halten wir fest: Volkswagen löst seine Versprechen nicht ein. Wo bleibt der deutsche Verkehrsminister, der auf den Rückruf gedrängt hatte? Wo bleiben die Stimmen der Konsumentenschützer? Bei fehlerhaften Produkten kommt es sonst stets darauf an, die Mängel möglichst zeitnah zu reparieren.

Anscheinend stört es niemanden, dass die manipulierten Autos länger die Umwelt verschmutzen, dadurch mehr Menschen erkranken oder frühzeitig sterben müssen. Bei Volkswagen scheint all dies keine Rolle zu spielen. Keine Sanktionen weit und breit.

Kapitel 4 - Politikversagen

Das Kraftfahrt-Bundesamt (KBA) agiert als Behörde nicht ohne Einfluss der Politik. Die Politik hat jedoch gegenüber der offenbar übermächtigen Autoindustrie versagt.

4.1 - Zulassungsbehörde im Zwielicht

Fassen wir zusammen: Die Zulassungsbehörde KBA gerät immer mehr ins Zwielicht. Sie rief auf Kommando des Verkehrsministers europaweit 8,5 Millionen manipulierte Autos des Volkswagenkonzerns per Pflichtruf zurück.

Sie kam dabei dem Autobauer aber maximal entgegen und gestattete ihnen, den Grenzwert nur auf dem Prüfstand einzuhalten. Nach dem Urteil des Oberlandesgerichtshofs Düsseldorf, den die Deutsche Umwelthilfe (DHU) bewirkt hatte, ist diese Position rechtlich nicht mehr aufrechtzuerhalten. Was sind die Konsequenzen daraus für die bisherigen Rückrufe? Null.

Das KBA konzedierte dem Volkswagenkonzern bei den Software-Updates den Einbau sogenannten „Thermofenster". In kalten Jahreszeiten – etwa unter 15 Grad - darf die AGR mit amtlicher Genehmigung nun permanent ausgeschaltet bleiben. Da die Behörde diese Art der Abschalteinrichtung gestattet hat, wären sie legal. Und die Hersteller kommen mit weitgehend unwirksamen „Micky-Maus-Software-Updates" (Copyright DUH Presseaussendung vom 18.7.2018) davon. Dieselbe Behörde „schluckte" auch die selbstherrlich von Volkswagen vorgegebenen „Zielwerte" für den Stickstoffoxid-Ausstoß, die locker zu erfüllen waren, weil sie den status quo zementierten.

Dieselbe Behörde kümmerte sich um keinen Deut um die Schäden, die den Fahrzeug-Haltern aus den Software-Updates erwuchsen und scherte sich auch nicht um die Einhaltung der verordneten Rückruftermine.

Wer kontrolliert die Kontrolleure?

4.2 - Zweierlei Maß bei „Thermofenstern"

Doch nicht nur das KBA hat versagt. Auch die „Untersuchungskommission Volkswagen" und der deutsche Verkehrsminister müssen sich Kritik gefallen lassen.

Hier geht es nicht um die Zwangsrückrufe, sondern um die sogenannten „freiwilligen Rückrufe". Die „Untersuchungskommission Volkswagen" hatte Automodelle auch anderer Hersteller auf Wunsch des damaligen Verkehrsministers Dobrindt untersuchen lassen, die (noch) nicht in den Abgasskandal verwickelt waren. Es handelte sich um insgesamt 53 Automodelle anderer Automarken, aber auch solche aus dem VW-Konzern.

Für jedes Fahrzeug werden acht verschiedene, aufwändige Abgastests durchgeführt und die Ergebnisse im Bericht der „Untersuchungskommission Volkswagen" am 22. April 2016 veröffentlicht. Die geprüften Autos werden in drei Gruppen eingeteilt.

Die **Gruppe I** besteht aus *„unbedenklichen"* Autos. Sie stoßen zwar teilweise zuviel Stickstoffoxid aus, doch die betroffenen Hersteller können dem KBA plausibel machen, das ein Abschalten der Abgasreinigung zum Schutz der Motorbauteile zeitweise gerechtfertigt sei. Für diese Gruppe der „Harmlosen" gibt es keine Konsequenzen.

Die **Gruppe II** umfasst die *„zweifelhaften"* Autos. Sie setzen zuviel Stickstoffoxid ab und die Abgasreinigung zeitweise außer Kraft. Sie verfügen über sog. „Thermofenster", sodass die Abgasrückführung in kalten Jahreszeiten nicht greift. Diesen Herstellern nimmt das KDA aber nicht ab, dass dies zum Schutze der Bauteile gerechtfertigt sei.

Die **Gruppe III** umfasst ausschließlich Fahrzeuge aus dem VW Konzern mit illegalen Abschalteinrichtungen plus „Thermofenster".

In die Kategorie der *„zweifelhaften"* Autos reihte die Untersuchungskommission 22 Modelle mit „Thermofenstern", die nach Meinung der Untersuchungskommission nicht mit dem Bauteileschutz zu rechtfertigen waren.

In der Folge wurden vom Verkehrsminister 630.000 Fahrzeuge von deutschen Herstellern zu „freiwilligen Rückrufen" verpflichtet. Mit dabei waren alle, ausgenommen BMW: Daimler-Mercedes, Opel, Volkswagen (mit Porsche, Audi, VW).

„Thermofenster"? Da dämmert etwas: Beim Software-Update - im November 2015 - hat das KBA dem VW Konzern „Thermofenster" zwischen +15 und +33 Grad gestattet. Und im April 2016 rufen Untersuchungskommission (und mitwirkend KBA) Modelle anderer Hersteller wie dem Opel Zafira wegen der Existenz von „Thermofenstern" zwischen +17 und 30 Grad freiwillig zurück. Was die einen dürfen, wird den anderen verwehrt?

Wurde hier mit zweierlei Maß gemessen? Oder gab es plausible Gründe für das „Ja" zu den einen und das „Nein" zu den anderen?

Fakt ist: Die „freiwilligen" Rückrufe fanden bisher ohnehin nicht statt und weder Politik noch Behörden krähten danach. Aber dazu noch später.

4.3 - Eindeutige Fehlurteile bei Audi und Mercedes

Damit noch nicht genug, kam es zu zwei spektakulären Fehlurteilen durch Untersuchungskommission und KBA, das die Tests für die Untersuchungskommission abnahm. Zwei konkrete Automodelle wurden im Bericht vom 22. April 2016 in keiner Weise beanstandet. Zwei Jahre später mussten genau diese

Modelle per Gesetz zurückgerufen werden. Es geht um einen Audi (Fall 1) und einen Daimler-Mercedes (Fall 2):

Fall 1: Audi A6, V6 3.0 l, Euro 6

Die „Untersuchungskommission Volkswagen" nahm den Audi A6 V6 3.0 l (Euro 6) im Frühjahr 2016 ins Visier. Warum? „Wegen der in den USA geführten Diskussion", wie der Bericht der Untersuchungskommission (vom 22. April 2016) extra fest hält.

„Diskussion" ist stark untertrieben. Immerhin hatte Volkswagen bereits Monate zuvor – im November 2015 - die Abgasmanipulation bei diesem Auto in den USA offiziell eingestanden.

An diesem Audi hatte die Untersuchungskommission nichts auszusetzen. In ihrem Bericht wurde zwar eine „Schaltstrategie (Aufwärmstrategie)" erwähnt, die „dem Ziel dient, in kürzerer Zeit den notwendigen Wirkungsgrad des Abgasbehandlungssystems sicherzustellen."

Nachdem der Hersteller versichert hatte, diese „Aufwärmstrategie" sowohl auf dem Prüfstand als auch auf der Straße zu verwenden, stufte die Kommission den Audi in die Kategorie der *unauffälligen Fahrzeuge* ein (Gruppe I), die nicht zurückgerufen werden mussten.

Wörtlich hielt die Kommission zur „Aufwärmstrategie" fest: „Diese Strategie wird nach Herstellerangaben auf dem Prüfstand wie auf der Straße gleichermaßen angewendet."

Damit hat Audi die deutschen Behörden glatt angelogen! Und Untersuchungskommission und KBA haben diesen Aussagen blauäugig geglaubt, obwohl sie um die Manipulation dieses Fahrzeugs in den USA Bescheid wissen mussten.

Knapp eineinhalb Jahre danach musste das KBA genau diese Audi A6 Modelle wegen unzulässiger Abschalteinrichtungen per Gesetz zurückrufen. Es traf nicht nur den erwähnten Audi A6, sondern insgesamt 187.000 Audi-Modelle, die in zwei Etappen zurückgerufen wurden: am 23. Jänner und am 4. Juni 2018.

In dürrem Amtsdeutsch liest sich die Begründung für diesen Rückruf so: „Die schadstoffmindernde, sogenannte schnelle Motoraufwärmfunktion springt bei diesen Fahrzeugen nahezu nur im Prüfzyklus NEFZ an. Im realen Verkehr unterbleibt diese NOx-Schadstoffminderung." (NEFZ ist die Abkürzung für den damals vorgeschriebenen Testzyklus auf dem Prüfstand, NOx die Abkürzung für Stickstoffoxid). Trockener könnte man die Existenz einer Abschalteinrichtung gar nicht beschreiben.

Was das KBA zu diesem Meinungsumschwung bewogen hat, wurde nicht kommuniziert. Schweigen im Walde. Das hat die Käufer auch nicht zu interessieren, nicht wahr?

Fall 2: Daimler Mercedes C-Klasse 220 Bluetec, 2,1 Liter, Euro 5

Im Bericht der deutschen Untersuchungskommission (vom 22. April 2016) wird das Modell Mercedes C-Klasse 220 Bluetec, 2,1 Liter, Euro 5 in die Kategorie der *unverdächtigen Fahrzeuge* (Seite 42, Kategorie I) gereiht, die nicht zurückgerufen werden.

Auf Seite 42 des Berichts steht zu lesen: „Der C-Klasse 220 erfüllt im NEFZ kalt den Grenzwert. Das Fahrzeug zeigt erhöhte Werte vom 1,8 fachen des Grenzwerts im NEFZ warm. Nach Herstellererklärung ist diese Erhöhung nicht nachvollziehbar. Messungen des Herstellers zeigen mit weniger als 80 mg/km deutlich niedrigere Werte."

Offenbar hat sich die Behörde vom glanzvollen Stern des Herstellers blenden lassen. Dass das Fahrzeug in einem ebenfalls geprüften Fahrzyklus (bei „niederlastigen NEFZ -10 %.") fast 400 Milligramm Stickstoffoxid ausstieß, machte der Behörde nichts aus, obwohl damit der Grenzwert von 80 Milligramm pro Kilometer um das Fünffache übertroffen wurde.

Erklärend heißt es weiter: „Die C-Klasse besitzt einen relativ motorfern liegenden SCR-Katalysator im eher kälteren Bereich der Abgasanlage (Unterflurkonzept). Kühlt der SCR-Katalysator aus, können die Werte nach oben abweichen. Der Hersteller zieht zur Begründung der Messergebnisse und der gewählten Emissionsminderungsstrategie den Bauteilschutz heran."

Aha, da haben wir wieder das Argument mit dem Bauteilschutz. Das blinde Vertrauen von Untersuchungskommission und KDA ist deswegen so erstaunlich, weil dieses Automodell schon sehr negativ aufgefallen war. Bereits im Februar 2016 hatte die DUH beim KBA auf einen Rückruf des „Mercedes C-Klasse 220 Bluetec" gedrängt.

Die DUH hatte das niederländische Institut TNO damit beauftragt, dieses Auto auf der Straße zu testen. Heraus kam, dass bei Temperaturen von unter 10 Grad Celsius die Stickstoffoxid-Werte auf das bis zu 28-Fache ansprangen. Das KBA hatte das Ansinnen der DUH auf Untersuchung abgeschmettert den Business-Leuten von Daimler das Argument mit dem Bauteileschutz abgekauft.

Die DUH ließ nicht locker und klagte Anfang April 2016 (DUH Presseaussendung 29.4.2018) Daimler beim Landesgericht Stuttgart wegen irreführender Abgas-Angaben. Daimler blieb stramm auf Dementi-Kurs und bestritt, Manipulationssoftware zu benutzen. Ende April 2016 brachte US-Anwalt Hagens Berman in den USA Klagen gegen Daimler ein.

Ein Jahr später, im März 2017, begann die Staatsanwaltschaft Stuttgart gegen Mitarbeiter der Daimler AG zu ermitteln.

Wegen Abgas-Manipulationen mit Hilfe einer Software und wegen "strafbaren Werbung". Ende Mai 2017 kam es zur ersten Razzia. Aus dem Durchsuchungsbeschluss des Amtsgerichts Stuttgart ging (Exklusiv-Meldung des Recherchverbundes Süddeutsche Zeitung, NDR und WDR vom 12.7.2017) Unglaubliches hervor: Daimler soll in Europa fast ein ganzes Jahrzehnt lang - von 2008 bis 2016 - mehr als eine Million Fahrzeuge mit einem zu hohen Schadstoffausstoß verkauft haben.

Betroffen sind unter anderem Mercedes C 220 Bluetec (2,1 Liter der Euroklasse 5) und Mercedes S 350 Bluetec (3 Liter der Abgasklasse 6).

Das ist genau jener Mercedes der C-Klasse 220, den das KBA vor einem Jahr noch in die Kategorie der unauffälligen Autos eingereiht hatte. (Auch den Mercedes S 350 Bluetec, 3 l, der Abgasnorm Euro 6 hatte das KBA damals in die gleiche Kategorie der *unauffälligen Autos* eingestuft)

Da haben wir es wieder. Schon wieder waren Untersuchungskommission und das KBA allzu zu gutgläubig gewesen, obwohl es diesmal massive Warnungen gegeben hatte.

Was ist mit diesen Kontrollgremien und Behörden los, die zum zweiten Mal ein Fahrzeug offensichtlich falsch eingestuft haben, um es Jahre später doch noch zurückrufen zu müssen?

Nach dieser Razzia bei Daimler kam das KBA unter Beschuss. Aber nicht durch Regierung oder durch Umweltschützer. Nein. Es war der Daimler-Mercedes-Konzern, der mit Drohungen gegen die Behörde vorging: "Auf Basis der uns vorliegenden Informationen würden wir gegen den Vorwurf einer illegalen Abschalteinrichtung durch das KBA mit allen rechtlichen Mitteln vorgehen." (Süddeutsche Zeitung 14.7.2017). Starker Tobak.

Fakt ist: Auf der Website des Bundesverkehrsministeriums ist seit 11. Juni 2018 ein Pflichtrückruf angekündigt, für Mercedes GLC 220 d und C 220 d, weltweit 774.000, davon 238.000 in Deutschland. Wegen illegaler Abschalteinrichtungen.

4.4 - Die Augenauswischerei bei freiwilligen Rückrufen

Wie gesagt, ordnete der Bundesverkehrsminister für die Fahrzeuge der Gruppe II „freiwillige Rückrufe" für 630.000 Fahrzeuge an, um die Abgasreinigung zu optimieren. Entsprechende „Serviceaktionen" habe man schriftlich vereinbart, die zuvor vom KBA abzusegnen sind.

Das KBA erteilte dem Porsche Macan als ersten die Freigabe (am 5.9.2016) und meldete am 15. Februar 2017 die Freigabe für insgesamt 500.000 Diesel-Fahrzeugen der Hersteller Daimler (A ,B ,CLA , GLA, V Klasse), Opel (Insigna) und VW (Crafter, Amarok), davon mehr als 150.000 in Deutschland. Im Juli 2017 folgte das amtliche Okay für 247.000 Mercedes V 250 Bluetec 2 l und für die Opel Zafira und Astra.

Nach dem ersten deutschen Dieselgipfel am 2. August 2017 war plötzlich die Rede von 2,8 Millionen freiwillig zurückgerufenen Autos, die zusätzlich zu den 2,5 Millionen Pflichtrückrufen für manipulierte Autos aus dem VW Konzern dazukommen. Alles zusammengerechnet wollte man bei 5,3 Millionen Diesel-Pkw den Stickstoffoxid-Ausstoß mit Hilfe von „Software-Updates" optimieren. Das sind fast alle 5,8 Millionen Diesel-Pkw der Abgasnormen Euro 5 und Euro 6, die auf Deutschlands Straßen herumkurven.

Die 2,8 Millionen freiwilligen Rückrufe teilen sich nach Angabe der Gipfelteilnehmer wie folgt auf:

- **Volkswagen:** 1,3 Millionen
- **Daimler:** 900.000
- **BMW:** 300.000
- **Ford** und **Opel** zusammen: 300.000

Bis Ende 2018 sollen diese „freiwilligen Software-Updates" durchgezogen sein, kündigten Autobosse, Verkehrsminister und Umweltministerin Seite an Seite vor den TV-Kameras an. Die geplante Stickstoffoxid-Senkung soll laut Umweltministerin „durchschnittlich 30 Prozent" und laut Autohersteller „bis zu 25 bis 30 Prozent" ausmachen. Auch diese freiwilligen Software-Updates muss das KBA vorher freigeben. Sie sollten nachher auch kontrolliert werden.

Gleichzeitig kündigten die Autokonzerne bei diesem Gipfel eine sagenhafte Prämien- und Preisschlacht für den Neukauf von Fahrzeugen an, nach dem Motto: die Euro 5 und Euro 6 Autos bekommen eine neue Software, aber wer alte Euro 4 Autos fährt, soll sich lieber einen Neuwagen kaufen.

Die Politiker boten den Autokonzernen eine hervorragende Plattform, ihre Preisaktionen öffentlich zu machen. Das verfehlte die Wirkung nicht. Sie trug unter anderem dazu bei, dass Volkswagen im Jahr 2017 einen operativen Gewinn von 13,8 Milliarden Euro einfahren konnte – den höchsten in der Konzerngeschichte. Wegen der „Dieselkrise" sinkt der ausgewiesene Gewinn zwar um 3,2 Milliarden Euro, macht aber immerhin noch 10,6 Milliarden aus. Der Umsatz stieg auf 231 Milliarden Euro. Weltweit wurden 10,74 Millionen Neuwagen im Jahr 2017 verkauft. VW stieg weltweit zum größten Autobauer auf.

Zurück zu den freiwilligen Rückrufen. Wieder vergeht ein Jahr. Oliver Krischer, Abgeordneter der Grünen im deutschen Bundestag, muss nach einer parlamentarischen Anfrage enttäuscht feststellen: „Bei keinem der 2,8 Millionen Pkw wurde ein Software-Update aufgespielt." (25.7.2018) Dieser Aussage hat keiner widersprochen. Außer Werbung für „Schleuderaktionen" hat das ganze Gipfelgetöse nichts gebracht.

Auch der Volkswagenkonzern gibt auf Anfrage der Autoren von August 2018 zu, bei den freiwilligen Rückrufen zwar beim KBA bisher „alle Anträge" und „Software zur Genehmigung eingereicht" zu haben. Über die tatsächlich durchgeführten Rückrufe schweigt er sich vielsagend aus.

„Die Erstellung der Software ist komplex und aufgrund der Anzahl der Modelle mit größerem Aufwand verbunden", heißt es in der Antwort. Der parallel laufende Umstellungsprozess auf das WLTP-Verfahren „stellt unsere Typprüfung derzeit vor sehr große Herausforderungen".

Trotzdem wird Volkswagen „einen großen Teil" der Fahrzeuge noch in 2018 mit einem Software Update versehen können. Aha, nur einen großen Anteil, aber noch nicht alle.

Bemerkenswerter Zusatz: „Einen wesentlichen Faktor stellt jedoch auch die Umsetzung vor Kunde dar."

Und in Österreich? Da wurde nach dem Dieselgipfel am 22. August 2017 angekündigt, zusätzlich zu den 384.000 Zwangsrückrufen auch noch 206.000 Fahrzeuge „freiwillig" bis zum Frühjahr 2018 zurückzurufen, davon 122.000 wieder aus dem Hause Volkswagen. Das Verkehrsministerium unter dem neuen Minister Norbert Hofer musste Ende März 2018 einräumen, dass mit den freiwilligen Rückfreiwilligen noch gar nicht begonnen werden konnte. Die Freigaben durch das KBA lägen noch nicht vor. Nur drei Konzerne machen überhaupt mit, hieß es: Daimler, Renault und Opel mit zusammen 7.642 Rückrufen. Von den anderen zehn gipfelteilnehmenden Marken fehle jede Spur.

Fassungslos steht man als Konsument da: Hochoffiziell brüstet man sich mit freiwilligen Rückrufen, die 25 bis 30% Senkung des Stickstoffoxid bringen sollen. Dann passiert jahrelang nichts. Wann werden die Kunden endlich informiert? Auch über etwaige negative Folgen?

4.5 - Umweltorganisation klagt Behörde

Fazit: Anders als in den USA, wo die Behörden nach einer ersten gutgläubigen Phase Volkswagen sehr genau auf die Finger schauten, haben wir es in Europa mit einer deutschen Behörde zu tun, die mit Sicherheit heillos überfordert ist, am Gängelband der Politik hängt bzw. offenbar wegschaut.

Trotz eindeutiger Warnungen stufte sie Autos als harmlos ein. Erst unter dem Zwang eindeutiger Fakten, die von außen kamen, musste sie ihre Entscheidungen revidieren. Umgesetzt wurden Teile davon bis heute nicht. Die 2,8 Millionen freiwilligen Software-Updates in Deutschland sind bis dato nicht umgesetzt. Alles nur sommerliche Gipfel-Blähungen ohne Folgen.

Am 18. Juli 2018 forderte die DUH das KBA und die deutsche Regierung auf, endlich Bußgelder gegen die deutschen Autohersteller Audi, BMW, Daimler, Opel, Porsche und Volkswagen zu verhängen. Gestützt auf eine Rechtsgutachten argumentiert die DUH wie folgt: Da die illegalen Abschalteinrichtungen bei der Typzulassung nicht angegeben worden sind, sind die Übereinstimmungsbescheinigungen der Fahrzeuge ungültig. Mit dieser ungültigen Bescheinigung sind sie verkauft worden. Auf dieser Grundlage müsse ein Bußgeld in Höhe von 5.000 Euro je Fahrzeug verhängt werden.

Allein bei den deutschen Hersteller käme man auf 20 Milliarden Euro Bußgeld. Die DUH geht davon aus, dass allein in Deutschland bei vier Millionen Diesel-Pkw betrügerische Abschalteinrichtungen amtlich nachgewiesen wurden (Stand Mitte

Juli 2018). Und zwar bei den Marken VW, Audi, Porsche, Daimler, BMW und Opel. Weitere Euro 5 und 6 Diesel-Pkw-Modelle mit Betrugssoftware werden folgen, ist die DUH überzeugt (Presseaussendung 18.7.2018) und rechnet mit insgesamt elf Millionen betroffenen Diesel-Pkw in Deutschland.

Dazu DUH-Geschäftsführer Jürgen Resch im O-Ton: „Es liegt ein eindeutiger Rechtsbruch vor. Es sind illegale Abschalteinrichtungen verbaut worden, die Behörden haben das mit ihren Rückrufen bestätigt. Doch noch immer hatten diese keine rechtlichen Konsequenzen, es werden noch immer keine Bußgelder von den zuständigen Behörden verhängt. Das ist eindeutig rechtswidrig und illegal von Seiten der Behörden, allen voran des Verkehrsministeriums. Ebenso wie sein Vorgänger Alexander Dobrindt weigert sich Andreas Scheuer geltendes Recht durchzusetzen."

Nach Rechtsmeinung der DUH könnte das KBA sogar von ausländischen Herstellern wie Fiat, die in Deutschland ihre Autos verkaufen, ebenfalls Bußgelder einfordern.

Wer die Vorgangsweise der DUH kennt weiß: sie wird nicht locker lassen und den Rechtsweg beschreiten. Dabei ist ihr auch zuzutrauen, dass sie die europäische Karte spielt.

Die DUH-Leute brauchen dafür einen langen Atem, Spenden und gute Nerven, um persönlichen Bedrohungen zu widerstehen.

Kapitel 5 – Rückrufe in der Pipeline

Derzeit vergeht kaum eine Woche ohne weitere Rückrufe von Automarken und Modellen. Nicht nur bei VW, sondern auch bei anderen Autoherstellern.

Im Jahr III nach Platzen des VW Abgasskandals ist kein Ende abzusehen. Weder im Volkswagen-Konzern selbst, noch bei andern Autobauern. Im Monats-Rhythmus erreichen uns Meldungen über Pflichtrückrufe von Autos, die sich lange erfolgreich dagegen gewehrt hatten. Dahinter stecken engagierte Umweltorganisationen wie die DUH, die zu allererst auffällige Fahrzeuge im Straßenbetrieb wissenschaftlich testen lassen. Doch solche Tests reichen nicht dazu aus, um bei Autobauer, Regierung oder Behörden Gehör zu finden. Dazu ist es stets nötig, den Rechtsweg zu beschreiten. Das dauert, wie das Beispiel mit der Daimler-Mercedes C-Klasse 220 zeigte.

Freiwillige Rückrufe in Millionen-Höhe sind momentan in der Pipeline. Ob sie – wie angekündigt – bis Ende dieses Jahres durchgezogen werden können ist mehr als fraglich. Derzeit sind viele Prüforganisationen mit der Umstellung auf den neuen Testzyklus WLPC für Neuwagen vollkommen überfordert. Dieser Testzyklus wurde wegen des Abgasskandals vorgezogen und soll realitätsnähere Werte bei Abgasen und CO_2-Verbrauch bringen. Ohne diesen neuen Test kann kein einziges neues Auto seit 1. September 2018 verkauft werden. Volkswagen hat vor Monaten schon Schließtage für den Herbst angekündigt, weil man mit den Tests nicht nachkommt.

Somit sind die zertifizierten Prüforganisationen bis oben ausgelastet und es bleibt wohl weniger Zeit, die freiwilligen Software-Updates – an denen die Konzerne ja nichts verdienen – auch noch abzuwickeln. Jede Wette, dass sich das Ziel bis Ende

2018 nicht ausgehen wird? Damit ist auch die angepeilte Senkung der Stickstoffoxide die reinste Illusion. Diese unangenehme Wahrheit will bisher nur keiner laut aussprechen.

Neben Volkswagen gibt es noch weitere „heiße“ Kandidaten wie Daimler-Mercedes und BMW, die großflächig ihre Kunden zu freiwilligen Update bitten wollen: 3 Millionen europaweit bei Daimler, 300.000 deutschlandweit bei BMW.

Einige versuchen damit, Pflichtrückrufe zu verhindern, gegen die man sich mit Händen und Füßen wehrt. Schauen wir uns diese Kandidaten näher an.

5.1 - Daimler

Ganz im Windschatten des VW Abgasskandals, bahnt sich der nächste an. Diesmal ist es Mercedes Daimler, deren Chef Dieter Zetsche stets ausdrücklich beteuert hatte, nicht zu betrügen und nicht zu schummeln. Man müsse nur „große Spielräume in der Gesetzgebung" nutzen, hatte Zetsche betont, sonst könne man "Untreue zuungunsten der Shareholder begehen". Ganz nach dem (unausgesprochenem) Motto: Was alle anderen tun, muss Daimler auch machen.

Inzwischen steht Zetsche nicht mehr mit einer blütenreinen Weste da. Daimler wurde zu zwei Pflichtrückrufen vergattert:

Im März 2018 über den Kleintransporter Vito 1,6 l, Euro 6, wegen unzulässiger Abschalteinrichtungen, mit weltweit 4.932 Fahrzeugen, davon 1372 in Deutschland.

Im Juni 2018 folgte der Pflichtrückruf für Mercedes GLC 220 d und C 220 d mit weltweit 774.000 Fahrzeugen, davon 238.000 in Deutschland.

Daimler-Chef hat in beiden Fällen gleichzeitig Kooperation mit den Behörden und Widerspruch angekündigt und damit eine neue Variante ins Spiel gebracht. Ob die eingebaute Software unzulässig ist, will er notfalls vor Gericht klären lassen.

Möglicherweise ist das noch nicht das Ende der Fahnenstange. Im Durchsuchungsbeschluss des Amtsgerichts Stuttgart für die Razzia bei Daimler im Mai 2017 (Exklusiv-Meldung des Rechercheverbundes Süddeutsche Zeitung, NDR und WDR vom 12.7.2017) wird Daimler schier Unglaubliches zur Last gelegt: Daimler soll in Europa fast ein ganzes Jahrzehnt lang – von 2008 bis 2016 – mehr als eine Million Fahrzeuge mit einem zu hohen Schadstoffausstoß verkauft haben. Die Staatsanwaltschaft Stuttgart ermittelt seitdem wegen des Verdachts des Betruges und der „strafbaren Werbung" gegen Daimler-Mitarbeiter.

Beim sommerlichen „Dieselgipfel" in Berlin hatte der Daimler-Chef daraufhin plötzlich gleich freiwillige Rückrufe für 3 Millionen Fahrzeuge angekündigt, um den Stickstoffoxid-Ausstoß zu verringern. Offensichtlich wollte er damit Pflichtrückrufe verhindern, was ihm in zwei Fällen bisher nicht gelungen ist.

Der Konzern stockte im Frühjahr 2018 die Rückstellungen für rechtliche Risiken um 1,2 Milliarden auf gigantische 17,2 Milliarden Euro auf und bereitet sich so auf Massenrückrufe vor (Seite 282 Geschäftsbericht von Daimler).

Gleichzeitig verhandelt man mit dem US-Justizministerium in Washington D.C. über eine einvernehmliche Beendigung der Sammelklagen, die gegen Daimler eingebracht wurden.

Doch Daimler kommt zunehmend in Bedrängnis. Anfang Juni 2018 meldet die Süddeutsche Zeitung, dass die Staatsanwaltschaft Stuttgart die Ermittlungen gegen Daimler ausgedehnt habe. Bestätigt werden Ermittlungen wegen des Motors OM 622, der u.a in den zurückgerufenen Vito Kleintransportern steckt. Prüfungen der Baureihen C und G seien im Gange. Der neue deutsche Verkehrsminister lässt weitere Modelle prüfen. Ins Visier geraten sind auch OM 626, OM 642 und OM 651, die in mehreren Fahrzeugserien verbaut sind.

Kummer bereiten könnte Zetsche auch sein „kleinstes" Baby, der Smart fortwo CDI. Den hatte die DUH bereits im Frühjahr

2016 von der Abgasprüfstelle der Berner Fachhochschule in der Schweiz prüfen lassen. Dabei überschritt er bei allen auf dem Rollenprüfstand gefahrenen Tests mit warmen Motor den Euro 5 Grenzwert für den Stickstoffoxid erheblich.

Der smarte Stadtflitzer brachte es bei einem bestimmten Testzyklus (Common Aratemis Driving Cycle-Fahrzyklus, CADC) sogar auf einen Stickstoffoxid-Ausstoß von 589 Milligramm pro Kilometer. Das ist das fast 4-Fache seines 28-Tonnen schweren „Kollegen", dem Actros 1842. Ausgerechnet jener Smart, den umweltbewusste Städter häufig und beim „Carsharing" nutzen.

Indes schreiten findige Anwälte zur Tat: Die Kanzlei Rotter/München hat nach eigenen Angaben Schadenersatzklage beim Landesgericht Stuttgart gegen Daimler eingereicht. Ein Aktionär fühlt sich von Daimler falsch informiert. Der Konzern hatte sogar in seinem Geschäftsbericht 2015 mitgeteilt, weder in seinen Diesel- noch in seinen Otto-Motoren illegale Abschalteinrichtungen eingebaut zu haben.

Hier sind massive Rückrufe in der Pipeline. Fahrzeug-Besitzer von Daimler-Modellen haben die einmalige Chance, aus der Geschichte mit Volkswagen zu lernen und sich nicht mit undurchsichtigen Software-Updates mit unerwünschten Nebenwirkungen abspeisen zu lassen.

Die Zulassungsbehörde wird wohl kaum mehr den Einbau von „Thermofenstern" erlauben und somit eine an sich illegale Abschalteinrichtung legitimieren. Die als penible Rechner geltenden Mercedes-Daimler Fahrer werden sich das kaum gefallen lassen.

5.2 - BMW

BMW war bisher die einzige weiße Schwalbe im Abgasskandal deutscher Autobauer. Obwohl die amerikanischen Studenten der West Virginia Universität auch einem BMW erhöhte

Stickstoffoxid-Werte im Straßenbetrieb nachgewiesen haben - aber nur beim Bergauffahren.

Die „Untersuchungskommission Volkswagen" hat nichts an BMW-Modellen auszusetzen. Ab Herbst 2017 erwischte der Abgasskandal auch die Münchner Autobauer. Wegen Verdachts auf illegale Kartell-Absprachen gab es im Herbst 2017 eine Razzia in der Konzernzentrale. Und Anfang Dezember 2017 stellte die Deutsche Umwelthilfe (DUH) auffällige Messwerte bei einem BMW 320d, Baujahr 2016 fest und sah „deutliche" Indizien für eine unerlaubte Abschalteinrichtung, berichtet die Süddeutsche Zeitung (5.12.2017). Das Auto stoße auf der Straße sieben Mal mehr Stickstoffoxide aus als auf dem Prüfstand. BMW blieb dabei, nicht manipuliert zu haben und kritisierte die Messmethode der DUH. Ab einer Drehzahl von 2000 Umdrehungen pro Minute werde die Abgasreinigung reduziert, bei mehr als 3000 Umdrehungen offenbar ganz abgeschaltet, sodass die Messwerte stets abrupt nach oben schnellen. Das sei in der Motorsoftware hinterlegt, die von Bosch kommt. BMW verwies auf Tests vor zwei Jahren durch den TÜV Süd: damals sei das identische Dieselmodell auf der Straße und am Prüfstand getestet worden.

Mitte Februar 2018 entlastete das KBA den Münchner Autobauer von all dem. Es seien keine unzulässigen Abschalteinrichtungen festgestellt worden.

Dann geht es aber Schlag auf Schlag. Ende Februar muss BMW zugeben, in 11.700 Dieselautos der 5er und 7er Serie eine falsche Abgassoftware eingebaut zu haben. Das Programm sei für die SUV-Modelle X5 und X6 entwickelt und dann „irrtümlich" auf die genannten Modelle aufgespielt worden, sagte ein Unternehmenssprecher. BMW habe den Fehler intern aufgedeckt und dem KBA gemeldet.

Einen Monat später, im März, filzten 100 Beamte die Büroräume der BMW-Zentrale in München und des Dieselmotorenwerks in Steyr (Österreich). Die Staatsanwaltschaft München I ermittelte wegen des Verdachts auf Abgas-Manipulation in 11 400 Fällen. "Es besteht der Anfangsverdacht, dass die BMW AG eine Prüfstands bezogene Abschalteinrichtung verwendet", teilte die Staatsanwaltschaft mit.

Eine Woche nach dieser Razzia folgt die erste Zivilklage gegen BMW im Bundesstaat New Jersey, eingereicht von der Kanzlei Hagens Berman. Bei den Modellen X5 und 330d seien Abgase per Software manipuliert worden.

Anfang April verordnet das KBA den Pflichtrückruf wegen „unzulässiger Abschalteinrichtungen" bei zwei Modellen: BMW 750 und M550 (Limousine und Touring). Beide gehören zur Abgasklasse Euro 6. Weltweit sind 11.700 Fahrzeuge betroffen, davon 5.000 in Deutschland (AUTO-Information, Nr. 2414).

Mitten im hochsommerlichen August kündigt BMW den Rückruf von weltweit 324.000 Autos an, davon 96.000 in Deutschland und 9.678 in Österreich. Grund: Fehler bei einem Abgasrückführungsmodul. Betroffen sind die Modelle BMW 3er, 4er, 5er, 6er, 7er, X3, X4, X5 und X6 mit Vierzylinder-Dieselmotoren, die zwischen April 2015 und September 2016 gebaut wurden. Die gleichen Modelle mit Sechszylinder-Dieselmotoren sind ebenfalls betroffen, wenn sie aus dem Produktionszeitraum Juli 2012 bis Juni 2015 stammen.

5.3 - OPEL

Gegen Opel hat es bisher weder Ermittlungen der Justiz gegeben, noch einen Pflichtrückruf. Gleich nach dem Platzen des VW Abgasskandals hatte die DUH beim Zafira zu hohe Abgaswerte bemängelt. Die „Untersuchungskommission Volkswagen" reihte den Zafira und den Insigna unter die Gruppe der „zweifelhaften" Autos ein, die freiwillig zurückgerufen werden mussten. Opel wies den Vorwurf zurück, in den Zafira eine illegale

Abschalteinrichtung eingebaut zu haben, rief aber auch noch zusätzlich den Cascada freiwillig zurück, insgesamt 90.000 Autos. Ende Juli 2016 gab das KBA diese Rückrufe frei.

Wer sich die detaillierten Vorgaben für den freiwilligen Rückruf anschaut, erkennt, wie locker man bei Opel vorher mit Abgasvorschriften umgegangen war.

Nach dem freiwilligen Rückruf soll die Abgasreinigung nicht schon bei 850 Meter Meereshöhe abschalten, sondern bis 1600 Meter voll und bis 2.500 Höhenmeter reduziert wirken. Auch das „Thermofenster" wird breiter: Die Abgasreinigung soll danach zwischen 0 und 34 Grad voll funktionieren und nicht nur zwischen 17 und 33 Grad. Die Abgasreinigung wird ab einer Geschwindigkeit von 145 km/h nicht mehr abgeschaltet.

Anfang November 2016 klagte die DUH das KBA beim Verwaltungsgericht Schleswig: die Typenzulassung für den Opel Insigna solle wegen der „Thermofenster" und des zu hohen Stickstoffoxid-Ausstoßes zurückgenommen werden.

Mitte April 2017 stellte die deutsche Staatsanwaltschaft Frankfurt die Ermittlungen gegen Opel wegen Verdachts auf manipulierte Diesel-Abgastests ein.

Im November 2017 blitzt die DUH blitzt beim Verwaltungsgericht Schleswig ab, weil sie nicht klageberechtigt sei. DUH ging in die Sprungrevision. Das Gericht stellt aber fest, dass die manipulierten Autos nicht der Typisierung entsprachen und nicht hätten zugelassen werden sollen.

Plötzlich im Juli 2018 leitet das KBA gegen Opel eine amtliche Anhörung ein wegen des Verdachtes auf illegale Abschalteinrichtungen bei Insigna, Zafira und Cascada.

Gleich im August 2018 reichte die Stoll&Sauer Rechtsanwaltsgesellschaft erstmals eine Klage gegen Opel bei Landesgericht Offenburg ein. Es geht um einen Opel Insignia 2,0 Liter Diesel mit Ad-Blue-Tank.

Kapitel 6 - Echte „Nachrüstungen" - Bitte warten!

Eine echte „Nachrüstung" vieler der Fahrzeuge wäre technisch möglich und sinnvoll, doch die Autohersteller scheuen die Kosten und verzögern, verschleiern oder lehnen empört ab.

6.1 - Autohersteller schmettern Nachrüstungen ab

Als Alternative für Software-Updates wurden immer wieder Hardware-Nachrüstungen gefordert. Im Klartext heißt das: neue Bauteile einbauen und nicht bloß per Computer eine Software aufspielen.

In Autos mit dem simplen AGR-System könnte hinten im Auspuff-Bereich nachträglich eine Harnstoffeinspritzung samt SCR-Katalysator installiert werden. Das würde die Stickstoffoxide wesentlich senken, ist aber nicht bei allen Modellen möglich und sinnvoll.

Es braucht dafür ausreichend Platz für Harnstofftank, SCR-Katalysator und eine eigene Heizung (weil Harnstoff unter 11 Grad einfriert). Das wäre dann ein echtes „Upgrade" von Autos der Abgasnorm Euro 5 auf Abgasnorm Euro 6 und kein sinnloses Update.

Die Autobauer lehnten solche Nachrüstungen rigoros und unisono ab. Den Vogel schoss der nunmehrige Ex-VW- Chef Matthias Müller ab, als er nach dem sommerlichen Dieselgipfel in Berlin (2. August 2017) meinte: „Ich möchte meine Ingenieure zukunftsorientiert arbeiten lassen. Und nicht rückwärtsgewandt an Motoren, die 10 und 15 Jahre alt sind". Schon wieder diese Unart, ein Problem größer zu machen als es ist und so seine Lösung zu erschweren. Keines der manipulierten Autos in Europa ist schließlich älter als 10 Jahre. Alle fallen in die Abgasnorm

Euro 5, wurden frühesten 2009 typisiert und kamen ab 2011 auf den Markt. Wohl absichtlich versuchte Müller das Problem auf viel ältere Autos der Abgasnorm Euro 4 auszudehnen, von denen bei Nachrüstungen nie die Rede war.

6.2 - DUH und ADAC machen Druck

Die Diskussion um Nachrüstungen dokumentiert einmal mehr die konsequente Verlogenheit, mit der die Autokonzerne agieren. Als die DUH gleich im Herbst 2015 nach Auffliegen des Abgasskandals erstmals die technische Nachrüstung aller manipulierten Diesel-Pkw (Euro 5 und Euro 6) verlangte, lehnten sie Autohersteller grundsätzlich als „technisch nicht machbar“ ab.

Daraufhin demonstrierte die DUH im Sommer 2016 anhand eines manipulierten VW Passats Variant, wie der Stickstoffoxid-Ausstoß von stolzen 1.000 Milligramm auf 80 Milligramm pro Kilometer auf der Straße herunter rasselte - durch den nachträglichen Einbau einer Harnstoffeinspritzung mit SCR-Kat. Eine Reduktion um 95 Prozent! Es ist also technisch sehr wohl machbar, ein Auto der Abgasnorm Euro 5 auf das Niveau der Abgasnorm Euro 6 zu heben und dabei auch noch den gesetzlichen Grenzwert auf der Straße einzuhalten.

Daraufhin mussten BMW, Daimler und VW zwar die technische Machbarkeit einräumen, behaupteten nun aber, diese sei übermäßig teuer und die Entwicklung solcher Systeme würde Jahre dauern, weil sie noch nicht vorhanden seien.

Dem widersprach die deutsche Autofahrerorganisation ADAC, die 20 Millionen Mitglieder vertritt. Der ADAC hatte die Ersatzteilkataloge deutscher Hersteller durchforstet und für Dieselfahrzeuge der Abgasnorm Euro 5 festgestellt: Für viele dieser jungen Gebrauchten gibt es bereits fertige Abgasreinigungssysteme - sie wurden seit mindestens sechs Jahren angeboten, entweder in Kombination mit einem bestimmten Motor oder als Sonderausstattung. "Das Argument, Autos könnten nicht mit wirksamen SCR-Systemen nachgerüstet werden, trägt zumindest für deutsche Hersteller überhaupt nicht", schlussfolgerte Rainhard Kolke, ADAC-Technikchef in Interview mit der Süddeutschen Zeitung (27.4.2018). Im Klartext: Genug Platz für SCR-Systeme und Harnstoff-Tanks ist vorhanden, man muss die Dinger nur noch installieren.

Durch die Nachrüstungen sollten die Stickstoffoxid-Emissionen „mindestens" halbiert werden. Das gaben die Experten beim Motorensymposium in der Wiener Hofburg (27/28 April 2017) als Messlatte vor.

6.3 - Gutachten: Nachrüstungen „beste" Lösung

Einen echten „Knüller" landete die DUH mit der Veröffentlichung eines geheim gehaltenen Gutachtens von Professor Georg Wachtmeister (27.4.2018). Das Gutachten besagt, dass Hardware-Nachrüstungen für manipulierte Dieselautos mit „verträglichem Aufwand" möglich sind und „Nachrüstungen durch die Hersteller eindeutig die beste und sicherste Lösung sei."

Das Wachtmeister- Gutachten liefert den Fahrzeughaltern nach Ansicht der DUH entscheidende Argumente zur Durchsetzung ihrer Ansprüche. So wie vorher schon der ADAC verweist Wachtmeister auf die konkret vorhandenen Angebote für Dieselautos der Abgasnorm Euro 5 von VW, Audi, BMW und Mercedes, die zwischen 1.190 und 1.990 Euro kosten (siehe DUH vom 27.4.2018).

Das Wachtmeister-Gutachten ist nicht irgendein Gutachten. Es wurde von der deutschen Bundesregierung in Auftrag gegeben und sollte als Grundlage für eine Nachrüstungs-Entscheidung herangezogen. Monatelang wurde es streng geheim gehalten. Wachtmeister ist ein intimer Kenner der Materie, auch als Mitglied der „Untersuchungskommission Volkswagen".

An einer Nachrüstung sind auch die VW-Händler interessiert. „Die harte Nachrüstung", forderte Dirk Weddigen von Knapp im Interview mit dem „Spiegel“ (22.2.2018). Er vertritt als Vorsitzender des „VW- und Audi-Partnerverbandes eV/Iserhagen" rund 2.400 Audi und Volkswagen-Händler in Deutschland.

Weddigen von Knapps Begründung zu Nachrüstungen: „Anständig wäre die Hardwarelösung gewesen, das Nachrüsten von Bauteilen. Weil nur das wirklich taugt. Nur damit ist garantiert, dass der Großteil der Stickstoffoxide aus dem Abgas herausgewaschen wird. Und nur dann kommt das Vertrauen der Kunden in den Diesel zurück.“

Warum die Wolfsburger keine Nachrüstung wollen, wollte die Interviewer des Spiegel wissen. Weddigen von Knapp: „Weil dort die Meinung vorherrscht, dass es mit 70 Euro getan ist. Es geht ums Geld, einzig und allein ums Geld. 70 Euro sind 70 Euro und 1500 Euro sind 1500 Euro.“

Echte „Upgrades“ kosten um Eckhäuser mehr als billige „Updates“.

Aufhorchen ließ Weddingen von Knapp im Spiegel-Interview mit der Ankündigung, ein Rechtsgutachten einzuholen und auf dessen Basis von Volkswagen Schadenersatz zu fordern. Konkret verlangen die Händler Geld dafür, Klagen abwickeln zu müssen. „Das könnte ein einstelliger Millionenbetrag werden.“ Dazu kommen „hohe zwei- bis dreistellige Summen“ für Verluste bei Leasingrückläufern und bei den Gebrauchtwagen.

Dass Nachrüstungslösungen gefragt sein werden, hat die Autobranche schon längst vorausgesehen. In einem internen Strategiepapier vom 20. September 2010 (Bericht der Süddeutschen Zeitung 25.8.2017) ging Volkswagen von notwendigen Nachrüstungen aus, um Fahrverboten in den Innenstädten zu vermeiden.

Kapitel 7 - Gesundheitsschäden durch Stickstoffoxide

Aus dem Auspuff kommen eine Reihe von schädlichen Abgasen, doch die Stickstoffoxide haben direkte und schwere Auswirkungen auf die Gesundheit der Menschen - insbesondere in verkehrsreichen Ballungsräumen.

Stickstoffoxide (NO_X) tragen zur Bildung von Feinstaub und bodennahem Ozon (Sommersmog) und nicht zuletzt zum Sauren Regen bei. Unmittelbar und direkt wirkt das Reizgas Stickstoffdioxid (NO_2) auf unsere Atemwege und kann entzündliche Reaktionen hervorrufen.

NO_X entstehen bei allen Verbrennungsvorgängen aus dem Stickstoff und dem Sauerstoff der Luft. Besonders zahlreich und nahe an unseren Nasen sind die Verbrennungsvorgänge im motorisierten Straßenverkehr.

Aber eines ist klar: In den Abgaswolken stecken nicht nur die Stickstoffoxide. Abgase sind eine komplexe Mischung aus sehr vielen teils sehr gesundheitsschädlichen Schadstoffen. Dazu zählen gasförmige Verbrennungsprodukte wie etwa Benzol und Kohlenmonoxid ebenso wie kleinste, ultrafeine Staubteilchen, an denen auch Schwermetalle und krebserregende Teerstoffe anhaften können.

Schon lange ist bekannt, dass NO_2 reizend auf die Atemwege wirkt. So führen hohe NO_2 -Belastungen zu einer Verminderung der Lungenfunktion, zum Auftreten und einer Verschlimmerung von Asthmasymptomen v.a. bei asthmatischen Kindern und zu einem Anstieg allergischer Reaktionen. Weiters kommt es zu vermehrten Krankenhausaufnahmen und Besuchen von Notaufnahmen aufgrund von Atemwegsbeschwerden.

Die tägliche Sterberate wird ebenfalls durch NO_2erhöht (WHO 2003, 2006). Laut Analysen der Europäischen Umweltagentur sind allein 2014 in Deutschland 12.860 vorzeitige Todesfälle und 133.800 verlorene Lebensjahre auf die NO_2-Belastung zurückzuführen. Interessant dabei ist, dass der NO_2-Jahresmittelwert in diesem Jahr mit 20,2 µg/m³ deutlich unterhalb des EU-Grenzwertes von 35 µg/m³ lag.

Andere neuere Analysen europäischer Daten zeigten (Jonson et al. 2017), dass die erhöhte NO_2-Belastung für jährlich 5.000 vorzeitige Todesfälle verantwortlich ist. So berechneten Forscher allein für Österreich 170 vorzeitige Todesfälle, die auf die NO_X-Emissionen von Dieselfahrzeugen zurückzuführen sind; 80 davon gehen auf das Konto der geschönten Abgaswerte. Am stärksten betroffen ist Italien mit 1.250 vorzeitigen Todesfällen pro Jahr, gefolgt von Deutschland (960) und Frankreich (680).

Wie massiv die Gesundheitsfolgen von NO_X -Belastungen sein können, zeigt eine US-amerikanische Studie (Anenberg et al. 2017), die letztes Jahr in der angesehenen Fachzeitschrift Nature veröffentlich wurde. So stießen die Dieselfahrzeuge im Jahr 2015 in den 11 größten Dieselfahrzeugmärkten weltweit 13,1 Millionen Tonnen NO_X unter realen Fahrbedingungen aus. Rund ein Drittel davon (4,6 Mio. Tonnen) resultieren aus den Grenzwert-Überschreitungen der Fahrzeug-Emissionsnormen. Insgesamt 107.600 vorzeitige Todesfälle standen demnach 2015 mit NO_X-Emissionen von Dieselfahrzeugen in Zusammenhang. Allein durch Überschreitungen der gesetzlichen Grenzwerte resultierten rund 38.000 vorzeitige Todesfälle weltweit, davon etwa 11.400 in der EU.

Insgesamt ist die Beurteilung schwierig, ob es in den vorhandenen wissenschaftlichen Studien unabhängige Effekte von NO_2 als Gas gibt. Die Zusammenhänge zwischen NO_2 und anderen Schadstoffen sind nämlich häufig so eng, dass NO_2 möglicherweise ein Schadstoffgemisch repräsentiert.

Obwohl die Datenlage nicht ganz einfach zu bewerten ist, ist das NO_X-Gesundheitsproblem ebenso wie die negativen Gesundheitsfolgen durch andere verkehrsassoziierte Abgase ernst zu nehmen. Dabei darf nicht ein Schadstoff gegen einen anderen ausgespielt wird.

Gerade in den letzten zehn Jahren wurden Fragen rund um Luftverschmutzung fast ausschließlich auf Feinstaub reduziert, dessen gesundheitliche Bedeutung in 1990er Jahren heruntergespielte wurde. Ärztegruppen haben zwar auf andere Schadstoffe wie NO_X oder Ozon hingewiesen, die im Sinne der öffentlichen Gesundheit ebenso mitbetrachtet werden müssen. Dies allerdings ohne großen Widerhall.

Erst im Zuge des Abgasbetrugs durch Volkswagen und Co. sind die Stickstoffoxide in den vergangenen drei Jahren ins öffentliche Bewusstsein getreten. Partikel landeten etwas im Abseits. Stimmen wurden laut, die fürchteten, dass so die Feinstaub-Problematik wieder vernachlässigt wird. In Folge wurden wiederum NOx-Effekte relativiert. Eine Diskussion, die aus unserer Sicht kontraproduktiv ist.

Kapitel 8 - Schäden für Fahrzeughalter

Wir haben uns ausführlich mit den Folgen der Manipulation von Abgaswerten beschäftigt. Nun stellt sich die Frage, ob und wie Geschädigte von VW Schadenersatz einfordern können.

Für Schäden an Umwelt und Gesundheit von Menschen musste VW in den USA etwa auch hohe Beträge an Umweltorganisationen zahlen. Doch in Europa sind die Möglichkeiten zur Klage auch da sehr beschränkt. VW muss zwar nach einer Entscheidung der Staatsanwaltschaft Braunschweig eine Milliarde wegen „Ordnungswidrigkeiten" zahlen, doch dieser Betrag geht an den Staat und wird - wenn sich da nicht noch etwas ändert - einfach als Einnahme ohne Zweckwidmung verbucht.

Einfacher ist die Situation bei den Käufern und Fahrzeughaltern von Autos aus dem VW-Konzern. Zwar bestreitet VW auch da das Vorliegen von Schäden und meint mit den beschriebenen Software-Updates das Auslangen zu finden. Doch das ist nur der Versuch, Käufer davon abzuhalten, Schadenersatz geltend zu machen. Daher zeigen wir Ihnen hier, welche Schäden sehr wohl ins Gewicht fallen und wie Sie von VW - oder auch anderen Diesel-Sündern - Schadenersatz erhalten können.

Der Schaden für Autokäufer und Fahrzeuginhaber besteht grundsätzlich darin, dass die Fahrzeughalter ein Geschäft abgeschlossen haben, das sie bei Kenntnis der wahren Sachlage nicht getätigt hätte. Dass es sich bei diesem Vertrag um einen für die Fahrzeughalter wirtschaftlich nachteiligen handelt, zeigt schon die Überlegung, dass kein verständiger Kunde ein Fahrzeug mit dieser Motorsteuerungssoftware erwerben würde, wenn der Hersteller ihn vor dem Kauf darauf hinweisen würde, dass die Software nicht gesetzeskonform ist und er deshalb jedenfalls mit Problemen durch das Kraftfahrt-Bundesamt (KBA) bis hin zum

Entzug seiner Zulassung für den Fall der Entdeckung der Manipulation rechnen muss.

Wie lässt sich dieser Schaden nun bewerten?

8.1 - Wertminderung

Der gekaufte VW hat am Gebrauchtwagenmarkt – je nach Lebensdauer und Kilometerstand – einen bestimmten Verkaufswert. Dieser Verkaufswert kann jedoch absinken, wenn die potentiellen Käufer mit dem Kauf Gefahren verbunden sehen; egal, ob diese Gefahren real eintreten, oder nur befürchtet werden. Bei einem Unfallwagen erwarten Käufer, dass uU vom Unfall herrührende Schäden nicht zur Gänze behoben wurden und zahlen weniger für das Auto. Ähnlich hier im Lichte des VW-Skandals.

Welche Befürchtungen mindern nun konkret den Wert des gebrauchten VW:

Die Werte des Schadstoffausstoßes im Typenschein stimmen nicht mit den tatsächlichen Abgaswerten überein. Weiters hat VW beim Typengenehmigungsverfahren das Vorhandensein der Abschaltvorrichtungen verschwiegen. Hätte die Behörde davon gewusst, hätte sie VW keine Typengenehmigung ausgestellt. Folglich hätten die Fahrzeuge auch **nicht zum Verkehr zugelassen werden** können. Das kann dazu führen, dass dem Fahrzeug – wenn das die Behörde amtlich feststellt – sogar die Zulassung entzogen werden könnte.

In München und Hamburg haben die Behörden zum ersten Mal tatsächlich **zwangsweise Diesel-Autos stillgelegt**, berichtet Spiegel online am 6. Juni 2018. Die Wagen waren mit manipulierter Abgas-Software ausgestattet. In Hamburg wurden zwei Wagen aus dem Verkehr gezogen, in München einer, teilten die kommunalen Behörden mit. Die Besitzer hatten auf die mehrfache Aufforderung zum Update der Motorsteuerung nicht reagiert. Betroffen waren VW - und Audi -Modelle der Baujahre 2009 bis 2014 mit dem "EA 189"-Dieselmotor.

Das zwangsweise Aufspielen einer neuen Software ohne nähere Angaben, was diese Software auslösen wird, ist ebenfalls ein Grund, den Kaufpreis zu drücken. Denn es gibt inzwischen viele Berichte, dass das Software-Update von VW zum einen zum Teil die Abgassituation noch verschlechtert und dass sehr wohl **negative Einflüsse auf Fahreigenschaften** der Autos vorliegen (siehe unten Punkt 8.2).

Die drohende Gefahr, dass es zu **Fahrverboten in Ballungsräumen** kommen kann und damit der Nutzwert der Fahrzeuge ebenfalls eingeschränkt wird.

Ein gerichtliches Gutachten in einem Schadenersatzprozess in Österreich kam 2017 zu einer Preisminderung von 15 Prozent des Kaufpreises. Doch seither sind die Wertverluste ganz offensichtlich gestiegen.

Die Preise für gebrauchte Diesel sind im deutschen Autohandel um bis zu 50 Prozent eingebrochen. Das geht aus einer Umfrage hervor, die der Zentralverband Deutsches Kraftfahrzeuggewerbe (ZDK) mit der WirtschaftsWoche durchführte. An der Umfrage beteiligten sich 1817 Autohandelsbetriebe. Der ZDK vertritt 38.000 Kfz-Werkstätten und Autohändler, die mit Neu- und Gebrauchtwagen sämtlicher Automarken handeln (WiWo 22.3.2018):

- Rund ein Drittel der befragten Händler (32 Prozent) hält Diesel der Schadstoffnorm Euro 5 für nicht oder nur mit Hardwarenachrüstung für verkäuflich.
- Ein weiteres Drittel (34 Prozent) der Händler muss gebrauchte Euro-5-Diesel mit 30 bis 50 Prozent Rabatt losschlagen.
- 32 Prozent der Befragten geben Nachlässe von 10 bis 30 Prozent an.

Wenn man also gegen VW nun eine Wertminderung von zB 30 Prozent des Kaufpreises einklagt, so sollte man - was die Höhe des Schadens betrifft - auf der sicheren Seite sein.

8.2 - Schäden durch Software-Update

Die Deutsche Umwelthilfe (DUH) hat festgestellt, dass die Abgaswerte nach dem Software-Update zT höher sind, als zuvor.“ Die Ergebnisse der Software-Updates sind mehr als ernüchternd: Bei sommerlichen Temperaturen wurde zwar eine durchschnittliche Verbesserung der Stickstoffoxid (NOx)-Werte um 30 Prozent erreicht. Bei für das Winterhalbjahr typischen Temperaturen wurden aber sogar über 20 Prozent mehr NOx gemessen als vor dem Software-Update" (DUH zitiert im KURIER 18.8.2018; siehe auch Pkt. 3.4 Fall 2)

Probleme, die Autofahrer mit ihrem VW-Diesel nach einem Software-Update haben, treten nahezu zwangsläufig auf. Diese Meinung vertritt Prof. Thomas Koch, Leiter des Instituts für Kolbenmaschinen am Karlsruher Institut für Technologie. Besonders im Blick dabei: das Abgasrückführungsventil (AGR), dessen Reparatur rasch einen vierstelligen Betrag verschlingt (Ruhr Nachrichten 20.7.2018). Fällt es aus, leuchtet eine Warnleuchte auf und das Auto schleicht - egal wie viel man Gas gibt - nur noch dahin. VW will den Zusammenhang nicht zugeben und bietet kostenlose Reparaturen an. Dabei ist die Zahl der Betroffenen nach Angaben der Sammelklagenplattform MyRight, die nach eigenen Angaben knapp 40.000 VW-Kunden mit Dieselfahrzeugen vertritt, beachtlich. Bei einer MyRight-Befragung berichteten Anfang des Jahres 572 Kunden von Problemen mit dem AGR.

Die österreichische Verbraucherorganisation VKI - sie führt ebenfalls für rund 10.000 VW-Inhaber Sammelklagen gegen VW durch - stellte bei einer Erhebung unter 9000 Fahrzeughaltern, fest, dass rund 3600 Teilnehmer über negative Veränderungen nach der Umrüstung an ihrem Fahrzeug berichteten (siehe www.verbraucherrecht.at):

- 1800 Personen meldeten einen erhöhten Kraftstoffverbrauch.
- 1400 Teilnehmer berichteten Leistungseinbrüche im unteren oder oberen Drehzahlbereich.
- 1400 Konsumenten meinten, dass der Motor „ruckelt" oder „nagelt".
- 1000 VW-Kunden fielen Probleme beim Beschleunigen auf.
- 650 Geschädigte gaben Probleme mit dem Abgasrückführungssystem an.
- 500 Teilnehmer meldeten eine schnellere Verrußung des Partikelfilters.
- Einige hundert Befragte berichteten auch von einer erhöhten Geruchsbildung oder einem massiven Gebläse.

Aus technischer Sicht sind Probleme mit dem Abgasrückführungssystem sowie das schnellere Verrußen des Partikelfilters durchaus erklärbar, wenn es nach dem Update zu erhöhter Rußbildung kommt.

8.3 – Fahrverbote

Fahrverbote für Diesel-Autos werden – jedenfalls in Deutschland - kommen. Dieses Signal gab das Bundesverwaltungsgericht in zwei Urteilen, wonach Kommunen Fahrverbote für umweltbelastende Diesel-Fahrzeuge aussprechen dürfen (BVerwG Az. 7 C 26.16 und 7 C 30.17). Einige Städte und Gemeinden haben bereits angekündigt, dass sie solche Fahrverbote künftig verhängen werden.

Die geplanten Fahrverbote für Dieselautos der Euro-Abgasnorm 4 und schlechter in Stuttgart rücken bereits näher - bei Verstößen nach der Einführung sollen 80 Euro Strafe fällig werden. Der Gesetzesentwurf sieht Fahrverbote für ältere Dieselwagen vom 1. Januar 2019 an vor - ganzjährig in der Umweltzone der baden-württembergischen Landeshauptstadt. Nicht enthalten in dem Stuttgarter Planentwurf sind bisher Fahrverbote für Diesel der Euro Norm 5. Die Regierung will Mitte 2019 zunächst prüfen, ob für sie Fahrbeschränkungen überhaupt noch nötig sind. Jedoch ist zur Frage der Euro Norm 5 Diesel ein Verfahren vor dem Verwaltungsgerichtshof in Mannheim anhängig. Zuletzt entschied das Verwaltungsgericht Stuttgart in einem von der Deutschen Umwelthilfe (DUH) initiierten Verfahren, dass das Land auch die Fahrverbote für Diesel der Euro Norm 5 schon jetzt ganz konkret in seinen Plan aufnehmen muss - ansonsten droht ein Zwangsgeld. Dagegen legte das Land Beschwerde beim Verwaltungsgerichtshof ein (Sat1 News 23.8.2018).

Kapitel 9 - Klagen - aber wen?

Man hat beim Kauf eines Autos mit verschiedenen Unternehmen zu tun. Der Kauf und die Übergabe des Fahrzeuges erfolgt beim Händler. Dem Händler gegenüber kann man Ansprüche aus der verschuldensunabhängigen Gewährleistung bzw. auch aus Irrtumsanfechtung geltend machen. Dagegen haftet der Hersteller aus einer Reihe von möglichen Gründen: Das reicht von „sittenwidriger Schädigung" über irreführende Werbung, Kartellbildung bis hin zum Straftatbestand des (gewerbsmäßigen) Betruges.

9.1 - Händler

Der Händler ist der direkte Vertragspartner des Käufers. Er haftet - unabhängig von seinem Verschulden - für Mängel des Fahrzeuges und falls der Käufer beim Kauf - sei es auch durch die Werbung des Herstellers - in Irrtum geführt worden ist.

9.1.1 - Gewährleistung

Wenn die Abgasreinigung nicht so funktioniert, dass man mit dem Fahrzeug ohne Gefahr des Entzuges der Zulassung für das Fahrzeug fahren kann, dann liegt - so die Feststellung in vielen Urteilen (finanzen.at 13.7.2017) - ein Mangel vor. Ein Mangel berechtigt den Käufer vom Händler entweder die Behebung des Mangels zu verlangen, oder aber eine Preisminderung zu fordern. Wenn der Mangel wesentlich und im Grunde unbehebbar ist, dann kann man auch auf Rückabwicklung klagen: Auto retour - Kaufpreis zurück.

Der Haken: Die derzeit im Mittelpunkt stehenden Fahrzeuge wurden vor mehr als zwei Jahren verkauft. Doch Gewährleistungsansprüche verjähren binnen zwei Jahren ab Kauf und

Übergabe. Wenn also ein Händler keinen Verzicht auf den Einwand der Verjährung gegeben hat, dann sind diese Ansprüche heute idR nicht mehr erfolgreich einklagbar.

In Österreich hatte der VKI mit den Vertragshändlern von VW einen Verzicht auf den Einwand der Verjährung bis 31. Dezember 2017 vereinbart. Das bedeutet, dass auch hier die Ansprüche aus der Gewährleistung inzwischen - im Jahr 2018 - idR verjährt sind.

9.1.2 - Irrtumsanfechtung

Wenn der Käufer sein „Ja" zum Kaufvertrag abgibt, dabei aber über eine verkehrswesentliche Eigenschaft des Fahrzeuges (korrekte Typengenehmigung) irrt, dann kann er den Kaufvertrag anfechten. Die Konsequenz: Auto retour – Geld zurück.

Aber halt: Auch hier gibt es eine Verjährung von Ansprüchen. Man muss seine Ansprüche nach Erkennen des Irrtums unverzüglich geltend machen. Das funktioniert aber in Deutschland nur bis maximal zehn Jahre nach Abschluss des Vertrages. In Österreich kann man einen Vertrag nur binnen drei Jahren ab Vertragsabschluss anfechten. In beiden Ländern sollte es daher dafür idR bereits zu spät sein.

9.2 - Hersteller

Mit dem Hersteller verbindet den Autokäufer kein Vertrag. Dennoch kann man den Hersteller – im konkreten Fall derzeit den VW-Konzern – auf Schadenersatz klagen. Dazu muss man sich auf einen schuldhaften Regelverstoß berufen können, der zum geltend gemachten Schaden geführt hat.

Als Regelverstöße kommen grundsätzlich in Frage:

- Vorsätzliche sittenwidrige Schädigung
- Irreführende Werbung
- Kartellbildung
- (gewerbsmäßiger) Betrug

9.2.1 – Vorsätzliche sittenwidriger Schädigung

Eine Reihe von Gerichten gehen in den anhängigen Gerichtsverfahren davon aus, dass das Verschweigen der Abschaltungs-Software gegenüber den Käufern eine **vorsätzliche sittenwidrige Schädigung** (D: §§ 823 und 826 BGB, Ö: § 1295 Abs. 2 ABGB) ist und daher vom VW-Konzern Schadenersatz verlangt werden könne.

So hält das **Landgericht Gießen** – in einem Verfahren der Rechtsanwaltskanzlei baum reiter & collegen - das Handeln von Volkswagen für sittenwidrig. Volkswagen habe den gesamten Rechtsverkehr (also Kunden, Händler, Zulassungsbehörden und Bürger) über die Schadstoffwerte getäuscht. VW habe damit das Vertrauen des Gesetzgebers, der keine Offenlegung der Steuerungssoftware verlangt hat, zielgerichtet missbraucht und für Wettbewerbsvorteile und Profitsteigerung massenhaft manipulierte Motoren auf den Markt gebracht. Dieses Verhalten stufte das Gericht ebenso verwerflich ein wie in der Vergangenheit etwa die Beimischung von Glykol in Wein oder von Pferdefleisch in Lasagne (Az. 4 O 16/18).

Auch das **Landgericht Tübingen** geht – in einem Gerichtsverfahren der Rechtsanwaltskanzlei Gansel Rechtsanwälte - davon aus, dass die Volkswagen AG vorsätzlich und mit der Absicht, auch etwaige Zwischenhändler zu bereichern, die Schäden der Kläger verursacht. Die Reichweite der Manipulationen, insbesondere die Entwicklung und die Eingliederung der Software in den Produktionsablauf, lassen ein Handeln ohne Kenntnis und

Billigung des Vorstands als ausgeschlossen erscheinen (Az.: 5 O 55/18).

Insbesondere dieses über den Schutz der Umwelt und der Gesundheit gestellte Gewinnstreben von VW verstößt - so das **Landgericht Hildesheim** - gegen das Anstandsgefühl aller billig und gerecht denkenden Menschen (Az.: 3 O 139/16).

Das Handelsblatt berichtet im März 2018 von landesweit 207 Urteilen gegen VW, die allerdings noch keineswegs alle rechtkräftig sind.

Ansprüche aus „vorsätzlicher sittenwidriger Schädigung" verjähren binnen drei Jahren und die Frist endet in Deutschland am 31. Dezember 2018 und in Österreich bereits am 18. September 2018 (siehe Pkt. 9.6).

9.2.2 – Irreführende Werbung

Der VW-Konzern hat – nicht nur in den USA, sondern auch in Europa – Behörden und Konsumenten darüber getäuscht, dass die Abgasreinigung bei seinen Fahrzeugen abseits des Prüfstandes vielfach abgeschaltet wurde. Es wurde mit „grüner Diesel" geworben und das Bild erzeugt, dass der Diesel gar „umweltfreundlich" wäre. Die Täuschung des Kraftfahrt-Bundesamtes (KBA) bei der Typisierung der Fahrzeuge lag insbesondere darin, dass von der Abschaltungs-Software keine Rede war. Die Typenscheine der Fahrzeuge enthalten daher falsche Angaben zu Abgaswerten und die Fahrzeuge wären, bei richtiger Information wohl nie zugelassen worden. Die Käufer aber wollten sicher ein typisiertes und zulassungsfähiges Fahrzeug erwerben. Für viele mögen auch die Umweltargumente ein Kaufanreiz gewesen sein.

Wer mit falschen Tatsachen vorsätzlich irreführende Werbung treibt, kann auch von Konsumenten, die darauf vertraut haben, auf Schadenersatz geklagt werden (OGH 24.2.1998, 4 Ob 53/98t).

Die Verjährungsfrist beträgt in Deutschland und Österreich drei Jahre und endet (siehe Pkt. 9.6) in Deutschland am 31. Dezember 2018, in Österreich bereits am 18. September 2018.

9.2.3 - Kartellbildung

Neben zahlreichen Verfahren wegen Abgasbetrugs mit illegaler Manipulationssoftware sehen sich mehrere deutsche Autobauer seit Sommer 2017 auch dem Vorwurf ausgesetzt, ein umfassendes Kartell gebildet zu haben. Demzufolge sollen Vertreter von VW, Audi, Porsche, BMW und Daimler sich schon seit den neunziger Jahren gemeinsam über Technik, Kosten und Zulieferer verständigt haben. Die EU-Kommission prüft Hinweise dazu. Es könnte auch eine Verbindung zur Abgasaffäre geben, falls es Absprachen über zu kleine Tanks für den Stoff „AdBlue" gegeben haben sollte. Dieser kann Stickstoffoxide aus Abgasen entfernen. Treffen die Vorwürfe zu, hätten sich die beteiligten Konzerne der illegalen Wettbewerbsverzerrung und der Kartellbildung schuldig gemacht (Zeit online 24.7.2017).

Da inzwischen Manipulationen bei der Abgasreinigung gegenüber VW, Audi, Porsche, BMW und Daimler im Raum stehen, ist dieser Verdacht nicht gerade abwegig.

Käufer der Autos könnten sich - sollte sich der Verdacht erhärten und etwa die EU-Kommission entsprechende Strafen verhängen - bei Schadenersatzklagen auch auf die Marktbeeinflussung durch Kartellbildung berufen.

Da bislang nur Zeitungsberichte über den Verdacht eines Kartells vorliegen, beginnt eine Verjährungsfrist für Schadenersatzansprüche, die sich darauf stützen, uE frühestens mit einer Entscheidung der EU-Kommission.

9.2.4 - Betrug

Betrug wird zunächst von Strafgerichten verfolgt. Gegen VW, Audi und Daimler sind strafrechtliche Ermittlungen bei verschiedenen deutschen Strafgerichten anhängig. Doch im Strafverfahren gibt es idR keinen Schadenersatz. Den muss man nach einem Urteil im Strafverfahren gesondert vor Zivilgerichten einklagen.

Die Verjährung für Schadenersatz aus Betrug beginnt in Deutschland mit Ende des Jahres, in dem der Geschädigte von der Betrugshandlung erfahren und vom Täter Kenntnis erlangt hat. Die Verjährungsfrist beträgt drei Jahre. Die absolute Verjährungsfrist - wenn man Täter oder Tat nicht kennt - beträgt zehn Jahre.

In Österreich gilt im Fall eines Betruges eine dreißigjährige Verjährungsfrist (§ 1489 Satz 2 ABGB). Allerdings ist es höchst umstritten, ob bei Verurteilung von Managern wegen Betruges nur ihnen gegenüber die dreißigjährige Frist gilt, oder ob diese Frist auf für Schadenersatz gegen ihr Unternehmen anzuwenden ist.

Allerdings kennt dafür Österreich seit 1.1.2006 ein Unternehmensstrafrecht; es kann also auch ein Unternehmen für Taten seiner leitenden Mitarbeiter zur Verantwortung gezogen werden. Wird das Unternehmen ebenfalls wegen Betruges verurteilt, dann gilt jedenfalls die dreißigjährige Verjährungsfrist. Gegen den VW-Konzern sind Ermittlungen der Wirtschafts- und Korruptionsstaatsanwaltschaft in Wien anhängig.

In Österreich haben sich bislang weit über 14.000 VW-Geschädigte diesem strafrechtlichen Ermittlungsverfahren als Privatbeteiligte angeschlossen. Das macht in Österreich Sinn, denn damit wird die Verjährung von Schadenersatzforderungen gehemmt. Wer da dabei ist, braucht sich nicht sorgen, dass im Fall strafrechtlicher Verurteilungen Ansprüche bereits verjährt wären.

Wir raten daher, rechtzeitig vor der Verjährung von Ansprüchen (siehe Pkt. 9.6) den VW-Konzern aus Schadenersatz zu klagen bzw. sich einer ab 1. November 2018 eingebrachten Musterfeststellungsklage in Deutschland anzuschließen. Wir raten weiters, sich in Österreich als Privatbeteiligte dem strafrechtlichen Ermittlungsverfahren der Wirtschafts- und Korruptionsstaatsanwaltschaft ebenfalls anzuschließen.

9.3 – VW-Aktionäre gegen VW

VW-Aktionäre haben infolge von Kursverlusten ebenfalls Anspruch auf Schadensersatz. Die Volkswagen AG bzw. ihr Vorstand hätten frühzeitig die Aktionäre und die Öffentlichkeit über die Manipulationen bzw. die Ermittlungen der US-Behörden informieren müssen (Ad-hoc-Mitteilungspflicht über kursrelevante Informationen). Es wird ermittelt, ob die Volkswagen AG durch das Unterlassen der rechtzeitigen, unverzüglichen Adhoc-Meldungen über Insider-Informationen gegen das deutsche Wertpapierhandelsgesetz (§§ 13, 15, 37 WpHG) verstoßen hat. Durch diesen Verstoß hätte sich das Unternehmen schadensersatzpflichtig gegenüber seinen Aktionären gemacht. Schadensersatz kann jeder Anleger fordern, der zum Zeitpunkt der öffentlichen Bekanntgabe der Abgasmanipulationen am 18. September 2015 Vorzugs- oder Stammaktien von VW besaß. Rund 4500 Aktionäre habe Ansprüche dieser Art geltend gemacht.

Wir raten, falls sie zu den Aktionären von VW gehören, sich der in Deutschland anhängigen Musterfeststellungsklage nach dem Kapitalanlegermusterverfahrens-Gesetz (KapMuG) anzuschließen.

9.4 - Leasingnehmer - Was tun?

Auch Leasingnehmer, die ein von Fahrverboten bedrohtes Diesel-Fahrzeug benutzen, sehen sich Wertverlusten gegenüber.

Beim "Restwert-Leasing" droht durch den Wertabschlag am Ende der Leasing-Laufzeit eine evtl. saftige Nachforderung seitens des Leasinggebers. Denn der Restwert des Autos dürfte nun deutlich unter dem zunächst kalkulierten Wert bei Rückgabe liegen. Um am Ende nicht dem Leasinggeber gegenüber für einen manipulationsbedingten Wertverlust des Autos verantwortlich zu sein, sollte man zumindest beim Leasinggeber nachfragen und sich (schriftlich) eine verbindliche Antwort geben lassen.

Oder man macht selbst Gewährleistung direkt beim Verkäufer geltend; dann ist man auf der sicheren Seite. Insbesondere, wer ein Auto des VW-Konzerns besitzt, sollte sich an den Konzern wenden, um den Schaden bzw. die Differenz geltend zu machen.

9.5 - Autokredite und deren Widerruf

In zahlreichen ab dem 11. Juni 2010 in Deutschland vereinbarten Autokreditverträgen sind Verbraucherinformationen fehlerhaft. Solche Verträge können Kreditnehmer - so der Rat der Rechtsanwaltskanzlei Kälberer & Tittel - auch noch Jahre nach Vertragsunterzeichnung widerrufen. Wichtig: Wurde der Kreditvertrag durch den Autohändler vermittelt, berechtigt der Widerruf des Kreditvertrags auch zur Rückabwicklung des Autokaufs.

Für ab 13. Juni 2014 abgeschlossene Kreditverträge gilt sogar: Nach berechtigtem Widerruf darf der Autobesitzer den Wagen sogar zurückgeben und den Kaufpreis rückfordern, ohne eine Entschädigung für die gefahrenen Kilometer zahlen zu müssen.

9.6 – Verjährung – Unterschied Deutschland und Österreich

In **Österreich** werden Verjährungsfristen ab dem Beginn der Verjährung (zB Vertragsabschluss, Kenntnis von Schaden und Schädiger) gerechnet. Wenn also am 18. September 2015 (bzw. für 3 Liter Autos von VW am 22.9.2018) durch alle Medien geisterte, dass VW Behörden und Kunden durch eine Abgassoftware über die Abgassituation bei seinen Dieselfahrzeugen getäuscht hat, dann läuft in Österreich die dreijährige Verjährungsfrist für Schadenersatzansprüche am 18. September 2018 (bzw. am 22.9.2018) ab.

In **Deutschland** beginnt dagegen die Verjährungsfrist erst mit Ende des Jahres, in dem der Anspruch entstanden ist. Daher läuft die dreijährige Verjährungsfrist für Schadenersatzansprüche gegen VW in Deutschland erst am 31. Dezember 2018 ab.

Kapitel 10 – „Sammelklagen"

Der Hintergrund für hohen Schadenersatz in den **USA** sind die dort üblichen Sammelklagen (siehe Pkt. 10.1). Solche Klagen fehlen in Europa. Es gibt nationale Regelungen, die jedoch alle anders gestaltet sind und zum Teil mehr Probleme aufwerfen, als lösen. Die EU-Kommission hat daher einen Vorschlag für eine neue Richtlinie für Verbandsklagen (= Sammelklagen) gemacht, der bis 1.1.2019 in Kraft treten soll.

In **Deutschland** tritt am **1. November 2018** das Gesetz über die **Musterfeststellungsklage** in Kraft (siehe Pkt. 10.2.1.3). Das bietet eine kosten- und risikolose Möglichkeit, die Verjährung von Ansprüchen zu unterbrechen und zuzuwarten, wie das Gericht wesentliche der Gruppe gemeinsame Sach- und Rechtsfragen klärt. Um als Autokäufer Schadenersatz von VW zu verlangen, ist das eine gut Gelegenheit.

Eine andere Möglichkeit ist die sogenannte **Einziehungsklage** (siehe Pkt. 10.2.1.2), bei der man seine Ansprüche an den Kläger abtritt und der alle abgetretenen Ansprüche in einer Klage gegen den Beklagten geltend macht. MyRight geht in Deutschland so gegen VW vor.

Die VW-Aktionäre haben in Deutschland auch die Möglichkeit, Schadenersatz über die **Kapitalanlegermusterfeststellungsklage** (siehe Pkt. 10.2.1.1) geltend zu machen.

In **Österreich** gibt es die **Sammelklage nach österreichischem Recht** (siehe Pkt. 10.2.2), die aber nur in Österreich funktioniert. Auch bei dieser Klage werden die Ansprüche an den Kläger abgetreten und von dem gemeinsam in einer Klage gegen den Beklagten betrieben. Diesen Weg beschreiten rund 10.000 VW-Geschädigte mit dem VKI in Österreich.

In den **Niederlanden** gibt es – ähnlich zu Deutschland – eine **Verbandsmusterfeststellungsklage** (siehe Pkt. 10.2.3.1), deren Androhung bzw. Einbringung allerdings für sämtliche Geschädigten aus den Niederlanden (ohne Anmeldung!) die Verjährung unterbricht. In den Niederlanden ist eine solche Klage für die 170.000 von VW geschädigten Niederländer anhängig.

Überdies gibt es in den Niederlanden die Möglichkeit eines **Gesamtvergleiches** (siehe Pkt. 10.2.3.2), der vom Gericht abzusegnen ist, und der für sämtliche Geschädigte (auch außerhalb der Niederlande) Gültigkeit erlangen kann.

Wir beschreiben Ihnen diese Verfahren näher, gehen dann insbesondere auf Kosten und Risiken ein und berichten über die anhängigen Strafverfahren und die Chancen die sich dabei bieten.

Im Kapitel 11 werden wir Ihnen dann nochmals unsere Tipps für Ihr weiteres Vorgehen Schritt für Schritt darstellen.

10.1 – „Amerikanische Verhältnisse"

In den USA haben Sammelklagen eine lange Tradition. Eine Reihe von Regelungen führen dazu, dass diese Sammelklagen hohe Entschädigungen für alle Geschädigten bringen (Kolba, Davids gegen Goliath – Der VW-Skandal und die Möglichkeit von Sammelklagen, mandelbaumverlag, Wien 2017):

- Es gilt ein **„opt-out"-System**, d.h. ein Vergleich oder Urteil erfasst alle Geschädigten, die nicht binnen einer vom Gericht gesetzten Frist aus der Gruppe ausgetreten sind. Dieses System verhindert, dass ein Schädiger darauf setzen, sich klagen zu lassen und darauf zu hoffen, dass viele Geschädigte das nicht tun werden und er daher die anhängigen Klagen – nach der Verjährung nicht eingeklagter Ansprüche – relativ billig wird vergleichen können. Vielmehr ist das „opt-out"-System ein Anreiz für den Schädiger, rasch zu vergleichen. Das hat auch für Ihn Vorteile: Schutz der Marke vor jahrelangen Negativ-Meldungen in den Medien und Kostenschonung im Verfahren.

- Das System des **Erfolgshonorars** für den Anwalt (contingency fee) ermöglicht es Geschädigten Sammelklagen in Gang zu bringen, ohne ein Kostenrisiko tragen zu müssen. Das Honorar des eigenen Anwalts wird erst bei einem Erfolg in Höhe eines bestimmten - vom Gericht festgesetzten oder kontrollierten - Prozentsatzes vom Ersiegten fällig und mindert den Betrag, den man als Schadenersatz ausbezahlt bekommt.

- Verliert man den Prozess, dann gibt es in den USA **keinen Kostenersatz** an den Prozessgegner. Dieser muss seine Kosten selbst tragen.

- **Schadenersatz** wird in Sammelklagen häufig **pauschaliert** - allenfalls nach Schadensgruppen differenziert - berechnet. Es kommt also idR nicht dazu, dass nach einer Klärung der allgemeinen Fragen jeder Geschädigte ein Individualverfahren um die Höhe seines Anspruches führen müsste.

- Die Sammelklage hat in den USA auch eine Straffunktion. Daher können Gerichte auch einen sogenannten **Strafschadenersatz** (punitive damages) zusprechen. Daraus erklären sich zuweilen die astronomischen Höhen des zugesprochenen Schadenersatzes.

- Auf Antrag entscheiden **Geschworene** (jury) über die Tatfragen, der Richter klärt die Rechtsfrage und fällt das Urteil.

- Das **Ausforschungsbeweisverfahren** (discovery) ermöglicht es dem Kläger in viel weiterem Umfang als etwa in Österreich oder Deutschland Beweismittel vom Beklagten vor dem Verfahren heraus zu verlangen und damit die Tatsachengrundlage der Klage zu stärken.

Die Sammelklage in den USA erhöht zum einen die Prozessökonomie; das Gerichtswesen würde bei Massenschäden unter den Individualklagen zusammenbrechen. Zum anderen dienen Sammelklagen auch der Rechtseinheit. Viele unterschiedlich entschiedene Individualklagen würden das Vertrauen in den Rechtsstaat wohl erschüttern.

Kern der Sammelklage aber ist es, vor Gesetzesverstößen abzuschrecken. Da im Rahmen einer Sammelklage ein Unrechtsgewinn des Schädigers wirksam abgeschöpft wird, werden sowohl der konkrete Schädiger als auch die Mitbewerber des Schädigers abgeschreckt, Gesetzesverstöße zu begehen oder zu wiederholen.

Europäische Geschädigte können sich daran aber - mangels Anknüpfungspunkt in den USA - nicht beteiligen.

10.2 - Europäische „Sammelklagen“

10.2.1 - Deutschland

10.2.1.1 - Kapitalanleger-Musterverfahren für Aktionäre

In Rechtsstreitigkeiten zwischen Aktionären und der Gesellschaft gibt es in Deutschland seit über zehn Jahren das **Kapitalanleger-Musterverfahrensgesetz** (KapMuG). Der Kläger muss in der Musterklage mindestens zehn Fälle einklagen und darauf verweisen, dass ein Massenschaden vorliegt. Das Gericht eröffnet das Musterverfahren und macht das öffentlich. Sodann können sich weitere Geschädigte der Klage anschließen. Das Gericht bestimmt aus den angemeldeten Klägern den Musterkläger, der für die Gruppe das Musterverfahren vorantreibt.

Im Musterverfahren sollen gemeinsame Sach- und Rechtsfragen durch Feststellungsurteile geklärt werden. Zur Durchsetzung der Zahlung von Schadenersatz müssen die Teilnehmer am Musterverfahren - ausgenommen dass es im Zuge der Entscheidung über die Feststellungsanträge zu einem Vergleich kommt - ihre Ansprüche mit Individualklagen weiterverfolgen.

VW-Aktionäre führen gegen VW eine solche Musterklage. Die Frist zur Anmeldung am Musterklageverfahren ist jedoch im September 2017 abgelaufen. Zum Musterkläger hat das **Oberlandesgericht Braunschweig** die Deka Investment GmbH aus Frankfurt/Main - vertreten durch TILP Rechtsanwaltsgesellschaft mbH - bestimmt. Beim Musterverfahren sind die Anträge von den Musterklägervertretern weiter begründet worden und die Volkswagen AG wird hierzu Stellung nehmen, hat aber Fristverlängerungen beantragt - dies kann also noch dauern. Das OLG Braunschweig hat daraufhin bereits anberaumte Verhandlungstermine aufgehoben. Die nach September 2018 angesetzten Verhandlungstermine bleiben nach derzeitigem Kenntnisstand bestehen. Mit einem Urteil im Musterverfahren ist in nächster Zeit nicht zu rechnen. Das Musterverfahren wegen des Börse Ganges der Post AG dauert zT nun schon über achtzehn Jahre.

Vorteil:

- Verjährungsunterbrechung für Teilnehmer

Nachteile:

- Lange Verfahrensdauer
- Notwendigkeit zur Individualklage um - kommt es nach gewonnener Musterfeststellungsklage zu keinem Vergleich - zu Geld zu kommen.

10.2.1.2 – Einziehungsklage nach Abtretung der Ansprüche

Die **Einziehungsklage** ermöglicht insbesondere Verbraucherschutzverbänden die Bündelung gleichgerichteter Ansprüche und deren Geltendmachung in einem Gerichtsverfahren. Die Geschädigten treten ihre Ansprüche an den Kläger zum Inkasso ab und der klagt diese Ansprüche in einer Klage gegen den Beklagten ein (Anspruchshäufung). Die Klage kann direkt auf Leistung gerichtet sein (anders als bei den Musterklagen) und wirkt nur für jene, dies sich am Verfahren durch die Abtretung ihrer Forderungen beteiligt haben.

Vorteile:

- Verjährungsunterbrechung für Teilnehmer
- Hoher Streitwert und Chance einen Prozessfinanzierer zu finden, der das Risiko trägt und dafür aber am Erfolg mitnascht.
- Urteil, wenn man gewinnt, das auch dem Beklagten gleich die Zahlung des Schadenersatzes auferlegt.

Nachteil:

- Lange Verfahrensdauer, da alle Anspruchsteller idR vernommen werden müssen.

Der Rechtsdienstleister myRight (www.myright.de) hat - in Zusammenarbeit mit der amerikanischen Sammelklagenkanzlei Hausfeld - für VW-Kunden bereits drei Sammelklagen vor dem Landgericht Braunschweig anhängig gemacht: Eine für 15.000 deutsche Dieselbesitzer, eine für 2.000 Schweizer sowie eine für mehr als 6.000 VW-Kunden aus Slowenien. Weitere Sammelklagen werden bis 31. Dezember 2018 noch eingebracht werden. Zuletzt war die Anmeldefrist jedoch der 31. August 2018.

MyRight übernimmt das gesamte Prozesskostenrisiko und bekommt dafür eine Erfolgsquote von 35 Prozent des Gewinnes.

10.2.1.3 – Neu: Musterfeststellungsklage ***(neu ab 1.11.2018)***

Nach dem Vorbild des Kapitalanleger-Musterverfahrens führt die deutsche Bundesregierung eine neue **Musterfeststellungsklage** für bestimmte Verbände **per 1. November 2018** ein (§§ 606 ff ZPO-E).

Zur Klage berechtigt sind nur Verbände, die folgende Voraussetzungen erfüllen:

- Verbände müssen seit mindestens vier Jahren bestehen,

- Verbände müssen ihre Tätigkeit weitgehend durch nicht gewerbsmäßige Aufklärung und Beratung wahrnehmen,
- Verbände dürfen es nicht auf Gewinn durch die Klagen anlegen,
- Verbände dürfen nicht mehr als fünf Prozent ihrer Zuwendungen von Unternehmen beziehen,
- Müssen mindestens 350 Mitglieder haben oder
- als Dachverband über mindestens 10 Mitgliedsverbände verfügen.

Diese Bedingungen sind auf die Verbraucherzentralen zugeschnitten, während es fraglich ist, ob auch die Deutsche Umwelthilfe (DUH) zu solch einer Klage berechtigt wäre.

Für Musterfeststellungsklagen sind die Oberlandesgerichte am Sitz des beklagten Unternehmens zuständig. Rechtsmittel gehen an den Bundesgerichtshof (BGH).

Gegenstand der Feststellungsklage ist das "Vorliegen oder Nichtvorliegen der tatsächlichen oder rechtlichen Voraussetzungen für das Bestehen oder Nichtbestehen von Ansprüchen oder Rechtsverhältnissen zwischen Verbrauchern und einem Unternehmer". Die Musterfeststellungsklage ist aber auf Feststellungsziele beschränkt; eine Klage auf Leistung ist nicht möglich. Wie beim KapMuG müssen zu mindestens zehn Ausgangsfälle vorliegen und sich zu mindestens 50 weitere Anspruchsteller binnen zwei Monaten beim Klageregister anmelden.

Beim Bundesamt für Justiz soll ein Klageregister - vorerst manuell, später in elektronischer Form - eingerichtet werden. Bei diesem können sich Geschädigte unter Angabe von :

- Name und Anschrift des Verbrauchers,
- Bezeichnung des Gerichts und Aktenzeichen der Musterfeststellungsklage,

- Bezeichnung des Beklagten der Musterfeststellungsklage,
- Gegenstand und Grund des Anspruchs oder des Rechtsverhältnisses des Verbrauchers,
- Betrag der Forderung,
- Versicherung der Richtigkeit und Vollständigkeit der Angaben anmelden.

Betroffene, deren Ansprüche oder Rechtsverhältnisse von den veröffentlichten Feststellungszielen abhängen, können bis zum Tag vor Beginn des ersten Prozesstermins ihre Ansprüche oder Rechtsverhältnisse zur Eintragung in das Klageregister anmelden. Die Anmeldung bedarf keiner anwaltlichen Vertretung. Die Anmeldung ist kostenlos. Durch die Anmeldung der Forderung wird die Verjährung der Ansprüche gehemmt.

Die Besonderheit der Musterfeststellungsklage ergibt sich aus der Bindungswirkung des Musterfeststellungsurteils: Wenn das Gericht bereits festgestellt hat, dass VW für Schäden haftet, dann kann man sich, kommt es im Zuge der Musterfeststellungsklage zu keinem Vergleich, in einem nachfolgenden individuellen Prozess auf Zahlung gegen VW darauf berufen; das wird nicht noch einmal geprüft. Wenn die Musterfeststellungsklage schief geht, dann kann man trotzdem noch individuell klagen und der Beklagte darf sich nun seinerseits nicht auf das Urteil im Musterfeststellungsprozess berufen; d.h. alles wird nochmals geprüft.

Das eigentliche Ziel der Musterfeststellungsklage ist aber ein Vergleich. Denn wenn feststeht, dass VW haftet, dann ist zu hoffen, dass spätestens dann ernsthafte Vergleichsverhandlungen stattfinden.

Ein Vergleich müsste – im Beispiel VW - regeln:

- Welche Fahrzeuge sind vom Vergleich erfasst?
- Welchen Schadenersatzbetrag bekommen die einzelnen Käufer?
- Wann muss VW zahlen bzw. die Gesamtsumme bei einem Treuhänder erlegen?
- Wie und von wem wird die Berechtigung der einzelnen Käufer geprüft? Welche Unterlagen müssen vorliegen?

Zudem soll der Vergleich auch der Genehmigung durch das Gericht bedürfen. Diese Genehmigung soll davon abhängen, dass das Gericht den Vergleich "unter Berücksichtigung des bisherigen Sach- und Streitstandes ... als angemessene gütliche Beilegung des Streites erachtet". Zum Schutz der Anmelder wird diesen das Recht eingeräumt, innerhalb einer Frist von einem Monat ihren "Austritt aus dem Vergleich" (opt out) zu erklären; erklären mehr als 30 Prozent der Anmelder ihren Austritt, wird der Vergleich unwirksam.

Kommt es zu keinem Vergleich, dann müssen die Geschädigten im Lichte eines erfolgreichen Feststellungsurteiles ihre Schadenersatzansprüche dennoch noch gegen den Beklagten individuell selbst einklagen.

Vorteile:

- Verjährungsunterbrechung für Teilnehmer
- Für Teilnehmer kosten- und risikolos

Nachteil:

- Notwendigkeit zur Individualklage um - kommt es nach gewonnener Musterfeststellungsklage zu keinem Vergleich - zu Geld zu kommen.

10.2.2 - Österreich

10.2.3.1 – Sammelklage nach österreichischem Recht

In Österreich haben vor 18 Jahren der VKI (vertreten durch den Autor) zusammen mit Rechtsanwalt Dr. Klauser und dem deutschen Prozessfinanzierer FORIS AG die **Sammelklage nach österreichischem Recht** erfunden:

- Im ersten Schritt treten Geschädigte Ihre Ansprüche an einen Verband wie den VKI zum Inkasso ab.
- Im zweiten Schritt klagt der Verband in einer Klage (Klagehäufung) alle Ansprüche gegen den Schädiger ein.

Der österreichische Oberste Gerichtshof (OGH) hat das Konstrukt der "Sammelklage nach österreichischem Recht" in einer Entscheidung im Streit um überhöhte Zinsen für Verbraucherkredite gegen eine Bank zum einen für zulässig erklärt (OGH 12.7.2005, 4 Ob 116/05w), zum anderen aber - gegen den Text des Gesetzes, das keine besonderen Voraussetzungen für eine objektive Klagehäufung vorsieht - auf jene Fälle eingeschränkt, bei denen ein „im Wesentlichen gleichartiger Anspruchsgrund (maßgebliche gemeinsame Grundlage) vorliegt". Darüber hinaus müssen „im Wesentlichen gleiche Fragen tatsächlicher oder rechtlicher Natur, die die Hauptfrage oder eine ganz maßgebliche Vorfrage aller Ansprüche betreffen", zu beurteilen sein.

Diese Klage ist eine taugliche Krücke, die aber bei Klagen über die Grenzen hinaus versagt.

Der Europäische Gerichtshof (EuGH 19.1.1993, C-89/91, Shearson Hutton/TVB) und ihm folgend der Oberste Gerichtshof (OGH 22.3.2000, 3 Nd 515/99) gehen davon aus, dass durch die Abtretung von Ansprüchen von Verbrauchern an einen Dritten (im Fall der EuGH-Entscheidung an ein Inkassobüro) das Recht des Verbrauchers am eigenen Wohnsitzgericht den Unternehmer zu klagen (Verbrauchergerichtsstand) verloren geht.

Eine grenzüberschreitende Sammelklage müsste also i.d.R. vor dem Gericht am Sitz des Unternehmens eingebracht werden. Der Vorteil, das eigene Rechtssystem besser zu kennen, als das ausländische, ist somit dahin.

Der VKI (www.verbraucherrecht.at) hat dennoch rund 10.000 Fahrzeughalter für regional verteilte Sammelklagen gesammelt. Der Klageverband stützt sich bei der örtlichen Zuständigkeit nicht auf den oben genannten Verbrauchergerichtsstand, sondern auf den Gerichtsstand des Schadensortes, der jeweils beim Landesgericht, das für die Wohnorte der klagenden Verbraucher zuständig ist, liegt. Der Vorteil: Am Ende steht hoffentlich ein Urteil auf Leistung, d.h. VW muss - bei sonstiger Exekution - zahlen. Nachteil: Da wohl alle Fahrzeughalter vernommen werden müssen, kann es bis zu einem Urteil Jahre dauern.

Vorteile:

- Verjährungsunterbrechung für Teilnehmer
- Hoher Streitwert und Chance einen Prozessfinanzierer zu finden, der das Risiko trägt und dafür aber am Erfolg mitnascht.
- Urteil, wenn man gewinnt, das auch dem Beklagten gleich die Zahlung des Schadenersatzes auferlegt.

Nachteil:

- Lange Verfahrensdauer, da alle Anspruchsteller idR vernommen werden müssen.

COBIN claims (www.cobinclaims.at) hat rund 9000 Fahrzeughalter gesammelt und geht einen etwas anderen Weg: COBIN claims führt eine Reihe von Musterprozessen gegen VW, um rasch die rechtlichen Fragen aus zu streiten und hofft dann auf einen Vergleich für die anderen Teilnehmer. Gelingt der nicht, dann muss allerdings COBIN claims rasch Klagen für alle Teilnehmer einbringen. Es ist zu hoffen, dass das gelingt.

VKI und COBIN claims haben ihre Teilnehmer - zum Schutz gegen Verjährung - auf Wunsch auch als Privatbeteiligte an den strafrechtlichen Ermittlungen der Wirtschafts- und Korruptionsstaatsanwaltschaft gegen VW angeschlossen.

10.2.3 - Niederlande

10.2.3.1 Verbandsmusterfeststellungsklage

In den Niederlanden gibt es auch eine **Verbandsmusterfeststellungsklage**, die es einem Verein oder einer Stiftung, die den Zweck hat Geschädigte eines Massenschadens zu schützen, erlaubt, im Interesse der Geschädigten den Schädiger zu klagen. Allerdings kann nur auf Feststellung, dass der Schädiger rechtswidrig gehandelt hat und er daher haftbar ist, geklagt werden. Die Feststellung der Höhe des Schadens ist bei jedem Geschädigten jedoch u.U. unterschiedlich und daher nur individuell feststellbar. Daher muss jeder Geschädigte - kommt es aufgrund des Feststellungsurteils in der Verbandsklage zu keinem Vergleich - seine Schadenersatzansprüche sodann individuell mit einer Leistungsklage weiterverfolgen.

Stiftung oder Verein müssen dem Gericht nachweisen, dass sie über genug Rückhalt unter den Geschädigten verfügen und deren Interessen auch angemessen wahrnehmen. Unproblematisch ist ein derartiger Nachweis bei institutionell eingerichteten Stiftungen oder Vereinen zum Schutz einer bestimmten Gruppe. Das trifft etwa auf die niederländische Anlegerschutzvereinigung VEB oder den Verbraucherschutzverband (Consumentenbond) zu. Diese treten bei Verbandsklagen entweder selbst als Kläger auf oder schließen mit ad hoc gegründeten Stiftungen sogenannte Participation-Agreements ab und erklären darin ihre Unterstützung.

Weiters muss der Kläger dem Gericht nachweisen, dass er einen ernsthaften Versuch einer außergerichtlichen Einigung (z.B.

Einladung des Beklagten zu Vergleichsgesprächen) unternommen hat.

Im zentralen Punkt des Umganges mit der Verjährung, ist das niederländische Modell musterhaft, „amerikanisch" und effizient:

Bei einer Verbandsklage auf Feststellung aus Rechten aus einem Vertragsverhältnis (zB insbesondere Gewährleistung bei Schlechterfüllung) wird die Verjährungsfrist von 2 Jahren durch einen einfachen Brief des Verbandes an den Vertragspartner der Geschädigten für 2 Jahre unterbrochen. Danach kann man wieder einen Brief schicken. Offenbar bis die absolute Verjährungsfrist von 20 Jahren erreicht ist.

Bei Verbandsklagen wegen anderer Rechte (z.B. Schadenersatz gegen einen Schädiger, der nicht mein Vertragspartner ist) wird die Verjährung von bis zu 5 Jahren (je nach Anspruch) ebenfalls durch einen einfachen Brief unterbrochen, wenn der Verband innerhalb von sechs Monaten nach Absenden des Briefes auch tatsächlich eine Klage einbringt. Auch diese Unterbrechung der Verjährung kann - bis zu einer endgültigen Erledigung des Rechtsstreites - wiederholt herbeigeführt werden.

Es stellte sich die zentrale Frage: Wirkt die Unterbrechung der Verjährung nur zwischen den „Briefpartnern" oder auch für die individuellen Leistungsansprüche der Geschädigten gegen den Schädiger? Das niederländische Höchstgericht hat das bejaht, weil sonst das ganze System nicht stimmig wäre (28.3.2014, VEB/Deloitte). Wenn die Klage rechtskräftig abgewiesen wird, haben die Geschädigten sechs Monate Zeit, doch noch individuelle Klagen einzubringen.

Es ist eine spannende Frage, ob auch für Geschädigte aus anderen Ländern als den Niederlanden die Unterbrechung der Verjährung gilt. Doch da das Recht der Verjährung - etwa in Österreich oder Deutschland - Teil des materiellen Rechtes ist, dürfte es an einer Anknüpfung an den Regeln in den Niederlanden fehlen. Die Lehre ist daher höchst skeptisch. Man darf sich daher nach Nicht-Niederländer keinesfalls auf diese Regelung verlassen!

Vorteil:

- Verjährungsunterbrechung für sämtliche Geschädigte in den Niederlanden ohne besondere Anmeldung

Nachteil:

- Notwendigkeit zur Individualklage um – kommt es nach gewonnener Musterfeststellungsklage zu keinem Vergleich - zu Geld zu kommen.

Die Stichting Volkswagen Car Claim hat im Dezember 2017 eine Verbandsmusterfeststellungsklage gegen VW in den Niederlanden eingebracht (siehe auch https://derclaim.nl/nieuws).

10.2.3.2 - Generalvergleich

Verein oder Stiftung können mit dem Schädiger – außerhalb des Gerichtes – auch einen **Gesamtvergleich für Schadenersatz** an die Gruppe der Geschädigten aushandeln. Das ist zunächst ein schlichter privater Vergleich. Nun legen die Vertragsparteien den Vergleich dem Berufungsgericht in Amsterdam (Gerechtshof Amsterdam) zur Genehmigung vor. Damit kommt es zu einem Innehalten in allen anhängigen Gerichtsverfahren und die Verjährungsfristen von Ansprüchen werden unterbrochen.

Das Gericht prüft nun den Vergleich inhaltlich; dabei haben alle am Vergleich Interessierten die Möglichkeit im Rahmen eines Hearings vor Gericht mitzuwirken:

- Der Vergleich muss die Gruppe der Geschädigten, in deren Interesse der Vergleich geschlossen wird, genau angeben. Der Beschreibung des schadenstiftenden Verhaltens kommt daher zentrale Bedeutung zu.

- Es muss auch – so gut als möglich – die Zahl der betroffenen Personen angegeben werden.

- Der Vergleich muss – als Kern – natürlich die Gesamtsumme des vom Schädiger akzeptierten Schadenersatzes angben.

- Schließlich muss der Vergleich klare Regelungen enthalten, unter welchen Bedingungen an individuelle Geschädigte Auszahlungen geleistet werden.

- Das Verfahren, wie Geschädigte zur Auszahlung ihrer Entschädigung kommen, muss beschrieben werden.

- Name und Adresse jener Person, an die ein Austritt aus der Gruppe (opt-out) zu senden ist, sind anzugeben.

Das Gesetz sieht überdies vor, dass mit dem Vergleich sämtliche Ansprüche, die vom Vergleich erfasst sind, durch den Vergleich endgültig erledigt werden (Generalklausel).

Das Gericht entscheidet schließlich mit Urteil über den Vergleich. Nun werden die Geschädigten – wenn man aus Listen des Unternehmers deren Anschriften kennt - mit Brief, ansonsten über Verlautbarungen in den Medien vom Vergleich verständigt und haben mindestens drei Monate Zeit, den Vergleich abzulehnen und damit aus der Gruppe auszutreten (opt-out).

Der Schädiger hinterlegt i.d.R. den Vergleichsbetrag bei einem Treuhänder und die Geschädigten haben zu mindestens ein Jahr Zeit, ihre Ansprüche bei Verein, Stiftung oder einem besonders eingesetzten „Claim Dealer" anzumelden. Die Ansprüche werden – nach der im Vergleich festgelegten Prozedur – geprüft und letztlich wird Geld an Geschädigte ausbezahlt. Wenn der Vergleichsbetrag zu Ende geht, kann der auszuzahlende Betrag auch verhältnismäßig gekürzt werden.

Diese - an US-amerikanischen „class actions settlements" orientierte Regelung - hat zwischenzeitlich eine beträchtliche Bedeutung erlangt, und das auch im internationalen Kontext. Insgesamt kam es bisher in mindestens sechs Fällen (so etwa mit Shell) zu verbindlichen Gruppenvergleichen. Aus internationaler Sicht bedeutsam ist, dass in vier dieser Fälle die Zuständigkeit niederländischer Gerichte, und damit die Zulässigkeit des Gruppenvergleichsverfahrens, auch in Bezug auf ausländische Geschädigte, bejaht wurde.

Daher wäre uE ein Gesamtvergleich für sämtliche Geschädigten in ganz Europa möglich.

10.3 – Kosten und Risiko

Klagen kostet Geld. Jedenfalls wenn man individuell zu Gericht zieht. Zum einen muss man den eigenen Anwalt bezahlen und bei Gericht sind idR Gerichtsgebühren zu berappen. Dazu kommt das Risiko, bei Prozessverlust die Kosten der Gegenseite tragen zu müssen.

10.3.1 - Rechtsschutzversicherung

Wer über eine Rechtsschutzversicherung verfügt, kann um Deckung der Prozesskosten ansuchen. Zu beachten ist, dass man einen Vertragsrechtsschutz abgeschlossen haben muss und dass der Versicherungsfall – der Kauf des Autos - erst nach Abschluss der Versicherung aufgetreten sein darf. Gibt es eine Deckungszusage, dann kann man auch individuell gegen den Autokonzern klagen.

10.3.2 - Prozessfinanzierer

In den USA darf der Rechtsanwalt direkt ein Erfolgshonorar vereinbaren. Das ist in Europa den Anwälten verboten. Daher hat sich die Branche der Prozessfinanzierer entwickelt. Das sind

Dienstleister, die – ab bestimmten, hohen Streitwerten – das Prozesskostenrisiko zur Gänze übernehmen, dafür aber vom erstrittenen Geldbetrag (nach Abzug aller Kosten) eine Erfolgsquote von 20 bis 40 Prozent beanspruchen.

Dieses Angebot ermöglicht es Menschen ohne Rechtsschutzversicherung, sich an Massenverfahren zu beteiligen ohne ein Risiko einzugehen. Nach dem Motto: Lieber irgendwas bekommen, als den Anspruch einfach verjähren zu lassen.

10.3.3 – Musterfeststellungsklage in Deutschland

Die Anmeldung im Klageregister für eine Teilnahme an einer Musterfeststellungsklage wird – so die Auskunft des deutschen Justizministeriums – kostenlos sein. Man braucht dafür auch keinen Anwalt und man haftet auch nicht für Kosten der Gegenseite, falls der Verband die Musterfeststellungsklage verlieren sollte. Die Teilnahme ist also kostenlos und risikolos möglich. Allerdings empfiehlt sich für die Anmeldung beim Klageregister dennoch die Beauftragung eines Rechtsanwaltes, damit man alles richtig macht.

Eine Anmeldung im Klageregister einer Musterfeststellungsklage ist kosten- und risikolos und daher jedenfalls zu empfehlen.

10.4 – Strafverfahren

10.4.1 - USA

Das US-Justizministerium und der New Yorker Generalstaatsanwalt haben 2015 Ermittlungen gegen VW eingeleitet.

Der deutsche Staatsbürger James L.wurde im Juni 2016 als erster VW-Mitarbeiter strafrechtlich angeklagt und im August 2017 wegen seiner Rolle im Skandal, als Motorenentwickler bei

VW, zu 3 Jahren und 4 Monaten Haft sowie einer Geldstrafe verurteilt. Das Gericht sah es als erwiesen an, dass er gegenüber den US-Aufsichtsbehörden die Benutzung von Betrugssoftware in 600.000 VW-Fahrzeugen verheimlicht hatte.

Mit Oliver S. wurde im Januar 2017 ein weiterer Mitarbeiter in Florida festgenommen. Insgesamt ermitteln die US-Behörden gegen sechs zum Teil ehemalige VW-Mitarbeiter wegen Verschwörung zum Betrug und Verstößen gegen Umweltgesetze.

Gegen fünf Mitarbeiter wurde im Juni 2017 ein internationaler Haftbefehl erlassen.

Oliver S. wurde am 6. Dezember 2017 von einem Richter in Detroit zu einer siebenjährigen Gefängnisstrafe wegen Verschwörung zum Betrug und Verstoßes gegen Umweltgesetze verurteilt. Außerdem muss Oliver S. Geldstrafen in einer Höhe von 400.000 US-Dollar zahlen.

10.4.2 - Deutschland

Am 8. Oktober 2015 führten die Staatsanwaltschaft Braunschweig und das Landeskriminalamt Niedersachsen in Wolfsburg und anderen Orten Hausdurchsuchungen in den Geschäftsräumen von Volkswagen durch. Erklärtes Ziel der Durchsuchung war „die Sicherstellung von Unterlagen und Datenträgern, die mit Blick auf in Betracht kommende Straftatbestände Auskunft über die genaue Vorgehensweise der an der Manipulation der Abgaswerte von Dieselfahrzeugen beteiligten Firmenmitarbeiter und deren Identität geben können".

Am 24. November 2015 hat die Staatsanwaltschaft Braunschweig ein weiteres Ermittlungsverfahren wegen des Verdachts auf Steuerhinterziehung gegen fünf namentlich bekannte Mitarbeiter des Volkswagen-Konzerns eingeleitet.

Die Ermittlungen der Staatsanwaltschaft wurden im Juni 2016 infolge einer Strafanzeige der Bundesanstalt für Finanzdienstleistungsaufsicht auf den Verdacht der Marktmanipulation ausgedehnt. Der Vorwurf lautet, dass Volkswagen seiner Ad-hoc-Publizitätspflicht, kursrelevante Informationen zu veröffentlichen, nicht rechtzeitig nachkam.

Mittlerweile wird gegen rund 40 Personen aus dem VW-Konzern ermittelt. Dafür wurden 28 Hausdurchsuchungen durchgeführt. Die Ermittlungen erstrecken sich neben den genannten Vorwürfen auch auf den Verdacht strafbarer Werbung. Unter den Beschuldigten befindet sich nun auch der ehemalige Vorstandschef Martin Winterkorn. Im Sommer 2018 wurde sogar Rupert Stadler - Vorstandsvorsitzender von Audi - wegen Verabredungsgefahr in Untersuchungshaft genommen.

Am 13. Juni 2018 hat die Staatsanwaltschaft Braunschweig gegen VW ein Bußgeld von 1 Milliarde Euro verhängt; genauer gesagt: 5 Millionen Euro an Bußgeld und 995 Millionen Euro als Abschöpfung des wirtschaftlichen Vorteils aus einer „Ordnungswidrigkeit“. Nach Angaben der Braunschweiger Staatsanwaltschaft hat VW "Organisationsmängel" und die "Verletzung von Aufsichtspflichten" zu verantworten.

Im März 2018 wurde ein strafrechtliches Ermittlungsverfahren gegen Mitarbeiter von Daimler eröffnet.

10.4.3 – Österreich

Seit Frühjahr 2017 ermittelt die Wirtschafts- und Korruptionsstaatsanwaltschaft in Wien gegen VW und gegen unbekannte Täter aus dem VW-Konzern.

Diesen Ermittlungen haben sich tausende Geschädigte als Privatbeteiligte angeschlossen. Das hat in Österreich folgende Vorteile:

- Die Verjährung von Schadenersatzansprüchen wird für die Dauer der Ermittlungen und eines Hauptverfahrens gehemmt.
- Man hat Akteneinsicht, kann Eingaben machen und wird auch zur Hauptverhandlung geladen.

- Theoretisch könnte der Strafrichter im Zuge einer Verurteilung den Privatbeteiligten auch gleich Schadenersatz zusprechen. Doch das geschieht in der Praxis kaum.

In Österreich gibt es seit 2006 ein Unternehmensstrafrecht. Daher kann auch ein Konzern wie VW für Straftaten seiner leitenden Mitarbeiter strafrechtlich verurteilt werden. Daher werden die Ermittlungen gegen Personen und VW geführt. Wird das Unternehmen etwa wegen Betruges strafrechtlich verurteilt, dann verjähren Schadenersatzansprüche erst binnen dreißig Jahren.

Es ist durchaus empfehlenswert, sich noch vor dem 31. Dezember 2018 dem Verfahren als Privatbeteiligter anzuschließen. Wir empfehlen beim VKI Rat einzuholen und uU einen österreichischen Anwalt einzuschalten.

Kapitel 11 - Schritt für Schritt zum Schadenersatz

Die Zeit für eine Klage oder Teilnahme an einer Sammelklage drängt für Käufer jener Fahrzeuge der Baujahre 2008 bis 2015 des **VW-Konzernes (VW, Audi, SEAT, Skoda)** die mit dem EA189-Motor mit 1,2, 1,6 und 2,0 Litern Hubraum ausgestattet sind.

Der Skandal flog in Bezug auf diese Motoren am 18. September 2015 auf. Damit begann in Österreich die dreijährige Verjährungsfrist. Diese endete am 18. September 2018. Es gibt allerdings noch Möglichkeiten, dennoch zu klagen; doch dazu später.

In Deutschland begann die dreijährige Verjährungsfrist am 31. Dezember 2015 und sie endet daher am 31. Dezember 2018. Eile tut Not.

Achtung: In den USA weitete sich der **VW-Skandal** erst am 3. November 2015 auf 3-Liter-Autos und Porsche aus. Die amerikanische Umweltbehörde EPA bemängelte, dass bei sieben Modellen von VW, Audi und - neu - Porsche von 2014 - 2016 neunmal so viel NO_X-Werte gemessen wurden als von der EPA erlaubt. VW bestritt dies. Die Modelle: VW-Touareg (2015), Porsche Cayenne (2015) A6 Quattro, A7 Quattro, AS, ASL, Q5 (2016). Es sei eine zusätzliche Einrichtung installiert worden, die „auxiliariy emission control device“ (AECD), die bei der Zulassung aber nicht deklariert worden war (siehe Pkt. 1.6)

Für diese Modelle verjähren Ansprüche in Österreich erst am 3. November 2018, in Deutschland dagegen ebenfalls am 31. Dezember 2018.

Am 19. Februar 2018 berichten die Medien, dass auch in den Diesel-Motoren von **Daimler** unerlaubte Abgasreinigungs-Funktionen eingebaut seien (siehe Pkt. 5.1). In Diesel-Motoren soll es Funktionen namens Bit 13, Bit 14 und Bit 15 geben, die die

Abgasreinigung steuern und womöglich die Grenze des Erlaubten überschreiten. So soll die Funktion "Bit 15" bewirken, dass nach 26 Fahrkilometern die Abgasnachbehandlung nachlässt und der „clean mode“ beendet wird. Klagen gegen **Daimler** hätten daher noch Zeit. In Österreich droht Verjährung erst ab 19.2.1921, in Deutschland mit 31.12.2021. Dennoch sammeln Rechtsanwälte und Prozessfinanzierer bereits Kläger für Sammelklagen gegen Daimler.

Auf der Web-Site https://vki.at/chronologie-vw-abgasskandal-oesterreich- finden Sie eine Chronologie der Ereignisse.

Wir zeigen Ihnen nun exemplarisch am VW-Skandal, welche Schritte Sie jetzt (noch) setzen sollten:

11.1 – Schritt 1: Ist mein Fahrzeug überhaupt betroffen?

Sie können auf den folgenden Web-Sites durch **Eingabe Ihrer Fahrzeug-Identifizierungsnummer (FIN)** feststellen, ob Ihr Fahrzeug betroffen ist:

- **http://info.volkswagen.de**
- **https://www.audi.de/de/brand/de/neuwagen/layer/serviceaktion.html**
- **https://www.seat.de/ueber-seat/dieselmotoren/home.html**
- **http://skoda-recallactions.skoda-auto.com/de-de/?s=W&cd=0**

Wenn Ihr Fahrzeug zum Software-Update zurückgerufen wurde, dann ist davon auszugehen, dass Ihr Fahrzeug vom Betrug betroffen ist.

11.2 - Schritt 2: Muss ich an Rückrufaktionen teilnehmen?

Rückrufe werden entweder von der Behörde - dem KBA - zwangsweise angeordnet oder von den Autoherstellern freiwillig durchgeführt. Der Autokäufer kann nicht gezwungen werden, sein Fahrzeug „nachrüsten“ zu lassen.

Doch es gibt einen indirekten Zwang. Wer die „Nachrüstung“ nicht zulässt, läuft Gefahr, dass ihm die Zulassung seines Fahrzeuges entzogen wird. Zwar haben die Verkehrsminister von Deutschland und Österreich zu beruhigen versucht: Es wird nicht dazu kommen! Doch die Gesetze sind eindeutig anders geschnitzt. Und die Behörden müssen sich an die Gesetze halten, nicht an Zurufe von Politikern. So hat das österreichische Verkehrsministerium auch der Aussage seines Ministers widersprochen: Wer nicht „nachrüstet“ der kann - bei einer Kontrolle - sehr wohl die Zulassung für sein Fahrzeug verlieren.

Die „Nachrüstung“ soll die Behebung eines Mangels des Fahrzeuges darstellen. Daher kann die „Nachrüstung“ bei Gerichtsverfahren gegen Händler uU eine Rolle spielen. Denn der Hersteller bietet - für den Händler - Verbesserung an. Wenn man diese ablehnt, kann man uU keine Rückabwicklung fordern.

Für Schadenersatz gegen VW spielen diese Überlegungen aber uE keine Rolle.

Wir würden daher empfehlen teilzunehmen. Doch wir empfehlen ein klarstellendes Schreiben an den Händler: **„Ich nehme am Rückruf teil, ohne auf meine Forderungen auf Schadenersatz gegen VW zu verzichten.“**

Am besten wäre es, das Fahrzeug vor und nach der „Nachrüstung" testen zu lassen; doch das ist idR nicht leistbar. **Jedenfalls sollte man über alle Probleme, die nach der „Nachrüstung" auftreten genau Protokoll führen, sich beschweren und lästig sein.**

11.3 – Schritt 3: Deckung durch eine Rechtsschutzversicherung?

Für die weitere Vorgangsweise ist es wesentlich, ob Sie die Deckung für Prozesskosten durch eine Rechtsschutzversicherung haben. Die Sparte „Vertragsrechtsschutz" spricht dafür, ein reiner KFZ-Rechtsschutz deckt nicht.

Weiters muss die Rechtsschutzversicherung bereits vor dem Kauf und der Übergabe des Fahrzeuges abgeschlossen worden sein und bis heute aufrecht sein.

Wenn Sie (oder Ihr Anwalt) die **Deckung bestätigt bekommen**, können Sie sich – ohne Kostenrisiko – auch auf einen **Individualprozess** gegen VW einlassen.

Besteht **keine Deckung** (und haben Sie auch nicht genug Vermögen, um auf eigenes Risiko Prozess zu führen), dann sind Sie ein Kandidat für die **Teilnahme an der Musterfeststellungsklage ab 1. November 2018 in Deutschland.**

11.4 – Schritt 4: Kommt es zu einer Musterfeststellungsklage?

Am 1. November 2018 tritt in Deutschland das Gesetz über die Musterfeststellungsklage in Kraft. Es ist zu erwarten, dass an diesem Tag jedenfalls der Verbraucherzentrale Bundesverband (vzbv) gegen VW eine Musterfeststellungsklage einbringen wird. Möglicherweise klagen auch andere Verbände an diesem Tag. In diesem Fall könnte das Oberlandesgericht Braunschweig die Verfahren verbinden. Mit Ablauf des Tages, an dem eine Musterfeststellungsklage eingebracht wurde, können gegen denselben Beklagten zum selben Sachverhalt keine weiteren Musterfeststellungsklagen mehr eingebracht werden.

Beachten sie um den 1. November 2018 die Berichte in den Medien. Sie werden dort erstmals gesichert erfahren, welche Verbände geklagt haben.

11.5 – Schritt 5: Veröffentlichungen im Klageregister

Das Bundesamt für Justiz führt – zunächst manuell, später online – das **Klageregister** (www.bundesjustizamt.de). Dort ist die Musterfeststellungsklage einzutragen und das Gericht veröffentlich **innerhalb von 14 Tagen** nach Einlangen der Musterfeststellungsklage deren öffentliche Bekanntmachung.

Man findet dann im **Klageregister** folgende Angaben:

- Bezeichnung der Parteien
- Bezeichnung des Gerichtes und des Aktenzeichens der Klage
- Feststellungsziele
- Kurze Darstellung des Sachverhaltes
- Zeitpunkt der Bekanntmachung im Klageregister
- Befugnis der Verbraucher, Ansprüche oder Rechtsverhältnisse, die von den Feststellungszielen abhängen, zur Eintragung in das Klageregister anzumelden, Form, Frist und Wirkung der Anmeldung sowie ihrer Rücknahme
- Wirkung eines Vergleiches, Befugnis der angemeldeten Verbraucher zum Austritt aus dem Vergleich sowie Form, Frist und Wirkung des Austritts
- Verpflichtung des Bundesamtes für Justiz, nach rechtskräftigem Abschluss des Musterfeststellungsverfahrens jedem angemeldeten Verbraucher auf dessen Verlangen einen schriftlichen Auszug über die Angaben zu überlassen, die im Klageregister zu ihm und seiner Anmeldung erfasst sind

Beachten Sie daher in den 14 Tagen ab 1. November 2018 die Veröffentlichungen im Klageregister (und auch in den Medien).

11.6 – Schritt 6: Anmeldung im Klageregister

Ihre **schriftliche Anmeldung** beim **Bundesamt für Justiz** (53113 Bonn, Adenauerallee 99 - 103) muss folgende Punkte enthalten:

- Name und Anschrift des Verbrauchers
- Bezeichnung des Gerichtes und das Aktenzeichen der Musterfeststellungsklage
- Bezeichnung des Beklagten der Musterfeststellungsklage
- **Gegenstand und Grund des Anspruches des Verbrauchers**
    - Kaufdatum / Marke / Type / Fahrzeugidentifikationsnummer des betroffenen Fahrzeuges
    - Datum der Durchführung des Software-Updates (falls vorgenommen) und Aufzählung der uU eingetretenen negativen Folgen des Updates
    - Ausführungen zu Ihrer Irreführung durch VW
    - Ausführungen zu Ihrem Schadenersatzbegehren (Sie können in erster Linie Rückzahlung des Kaufpreises - gegen Rückgabe des Fahrzeuges - verlangen, stattdessen aber auch Schadenersatz in einem Prozentsatz vom Kaufpreis (zB 30 Prozent)). **Bitte geben Sie den maximalen Forderungsbetrag in Euro an.**
- Versicherung der Richtigkeit und Vollständigkeit der Angaben

Sie können diese Anmeldung auch ohne Anwalt selbst verfassen. Doch davon raten wir Ihnen ab. Entweder Sie verwenden allfällige Muster, die von den klagenden Verbänden uU veröffentlicht werden, oder Sie beauftragen einen Rechtsanwalt mit der Anmeldung Ihrer Ansprüche. Die Anmeldung selbst ist kostenlos.

Die Anmeldungen werden – ohne inhaltliche Prüfung – in das Klageregister eingetragen. Das Bundesamt für Justiz prüft also nicht, die Berechtigung ihrer Forderung bzw. auch nicht deren allfällige Verjährung.

Ein böses Erwachen kann daher erst dann passieren, wenn die Feststellungen, die der klagende Verband verlangt hat, zwar getroffen werden, doch der Beklagte dann nicht freiwillig zahlt. Denn dann müssten Sie individuell auf Zahlung klagen und nun kann Ihnen der Beklagte zB einwenden, dass Ihre Forderung nicht zu den Feststellungen passt oder ihr Anspruch - weil zu Unrecht angemeldet - inzwischen verjährt ist.

Man kann **bis zum Tag vor dem ersten Gerichtstermin** in der Musterfeststellungsklage seine Anmeldung beim Klageregister vornehmen.

Daher bitte beachten:

- Findet ein **erster Gerichtstermin vor dem 31. Dezember 2018** statt, dann können Sie sich bis dahin anmelden.
- Findet ein **erster Gerichtstermin erst im Jahr 2019** statt, dann müssen Sie sich **bis 31. Dezember 2018** anmelden, ansonsten würde bei späterer Anmeldung ihre Forderung bereits verjährt sein.

Wenn Sie sich angemeldet haben, dann dürfen Sie in der Folge in derselben Sache keine individuelle Klage einbringen, bis das Musterfeststellungsverfahren abgeschlossen ist.

Haben sie **vor Einbringung der Musterfeststellungsklage schon individuell geklagt**, dann können Sie sich dennoch anmelden. Das Individualverfahren wird bis zur rechtskräftigen Erledigung der Musterfeststellungsklage unterbrochen.

Das Musterfeststellungsverfahren wird **vom klagenden Verband geführt, Sie müssen nichts tun** können aber - Verhandlungen sind öffentlich - als Zuseher teilnehmen.

11.7 - Schritt 7: Was tun, wenn ein Vergleich zustande kommt?

Im Zuge der Musterfeststellungsklage kann es auch zu einem Vergleich kommen, der für und gegen die angemeldeten Verbraucher wirksam werden kann.

Ein solcher **Vergleich** soll folgende Punkte regeln:

- Schadenersatz für die angemeldeten Verbraucher
- Nachweise, die diese erbringen müssen, um Schadenersatz zu bekommen
- Fälligkeit der Zahlungen
- Aufteilung der Kosten zwischen den Parteien (Verband und VW)

Der Vergleich muss durch das **Gericht genehmigt** werden. Dabei hat das Gericht zu prüfen, ob der Vergleich unter Berücksichtigung des bis dahin verhandelten Sachverhaltes und dessen rechtlicher Beurteilung eine angemessene gütliche Beilegung des Streites darstellt.

Das Gericht stellt den angemeldeten Verbrauchern den genehmigten Vergleich zu und weist gleichzeitig darauf hin, dass jeder angemeldete Verbraucher **binnen einem Monat** den **Austritt aus dem Vergleich** bekanntgeben kann. Der Austritt müsste schriftlich gegenüber dem Gericht erklärt werden.

Der genehmigte **Vergleich wird nur wirksam**, wenn **weniger als 30 Prozent** der angemeldeten Verbraucher ihren **Austritt aus dem Vergleich erklären**. Er wird dann veröffentlicht und wirkt für und gegen alle angemeldeten Verbraucher, die nicht den Austritt erklärt haben.

11.8 – Schritt 8: Wie weiter nach gewonnener Klage?

Ein Urteil, ein Rechtsmittel und ein schließlich rechtskräftiges Urteil sind wieder im **Klageregister** öffentlich zu machen.

Doch nun hätte man zunächst nur die Feststellung der Haftung von VW, aber noch kein Urteil, das VW auch zur Zahlung von Schadenersatz zwingt.

Daher gibt es nun **drei Möglichkeiten**:

- Es kommt im Lichte des Urteils doch noch zu **Vergleichsverhandlungen** und VW zahlt schlussendlich den Vergleichsbetrag.
- Sie **klagen nunmehr VW binnen sechs Monaten individuell auf Zahlung von Schadenersatz**. Nun ist das Musterfeststellungsurteil für das von Ihnen angerufene Prozessgericht bindend. Das ist ein großer Vorteil, dennoch müssten Sie nun das Bestehen und die Höhe ihrer Ansprüche beweisen.
- Sie können sich aber auch nunmehr – weil Sie ein Kostenrisiko scheuen und es keine Sammelklage mit Prozessfinanzierer gäbe – resignieren und die **Sache auf sich beruhen lassen**.

11.9 - Schritt 9: Können österreichische Geschädigte teilnehmen?

Sie haben sich nicht der Sammelklage des VKI angeschlossen und fürchten, dass es nun zu spät ist, aktiv zu werden. Da gibt es einen - umstrittenen - Ausweg:

Es gibt **keine Einschränkung**, dass sich nicht auch **ausländische Verbraucher** zur Teilnahme an der **Musterfeststellungsklage** anmelden können.

Da jedoch nach österreichischem Recht die Verjährung von Schadenersatz gegen VW am 18. September 2018 abläuft und eine Anmeldung erst ab Mitte November 2018 möglich sein wird, kommt es darauf an, auf welchen **Rechtsgrund** man sich stützt, damit die Verjährung erst später zuschlägt.

Zwei **Argumentationen** erscheinen uns möglich:

- Wenn man sich darauf stützen würde, dass hinter dem Diesel-Betrug ein **Kartell unter Beteiligung von VW** steht, kann man Schadenersatz aus Kartellverstoß geltend machen. Da sich der Kartellverstoß in mehreren Mitgliedsstaaten der EU ausgewirkt hat, kann man sich gemäß Art. 6 Abs. 3 der Rom II Verordnung der EU auf die **Anwendung von deutschem Recht** berufen. Nach deutschem Recht läuft die **Verjährung erst am 31. Dezember 2018** ab.

- Man kann sich auch darauf berufen, dass die **Schädigung durch gewerbsmäßigen Betrug** erfolgt sei. In diesem Fall gilt nach österreichischem Recht eine **Verjährungsfrist von dreißig Jahren**. Allerdings ist es höchst umstritten, ob bei einer Verurteilung von Personen diese Frist auch gegenüber dem Unternehmen an sich gilt. Doch man kann argumentieren, dass nach österreichischem Recht auch das Unternehmen VW wegen dieses Deliktes verurteilt werden kann und würde das eintreten, dann sollte unstrittig sein, dass auch gegenüber dem Unternehmen selbst die dreißigjährige Verjährungsfrist gilt.

Unser Tipp lautet daher: **Melden Sie sich zur Vorsicht doch bei der Musterfeststellungsklage in Deutschland an.** Die Anmeldung ist **kosten- und risikolos**. Allenfalls müssen Sie das Honorar für einen Rechtsanwalt auslegen, wenn Sie fachlich gut vertreten sein wollen; vorgeschrieben ist das aber nicht.

Die Frage, ob Ihre Ansprüche dennoch bereits verjährt sind, stellt sich erst bei Vergleichsverhandlungen bzw. - nach einem Sieg im Musterfeststellungsverfahren - in einem möglichen Individualprozess gegen VW. Ob Sie den führen wollen, können Sie in Jahren entscheiden. **Aber Sie sind - bei Vergleichsverhandlungen - jedenfalls mit im Boot.**

11.10 – Schritt 10: Was tun bei den Strafverfahren?

In **Österreich** kann man sich einem strafrechtlichen Ermittlungsverfahren als Privatbeteiligter anschließen (siehe Pkt. 10.4.1). Ein solches ist bei der Wirtschafts- und Korruptionsstaatsanwaltschaft (1030 Wien, Dampfschiffstrasse 4) anhängig (GZ 22 St 4/17s). Dadurch kann man die Verjährung von Schadenersatzansprüchen hemmen. Auch hier empfiehlt sich jedoch, einen Rechtsanwalt einzuschalten.

In **Deutschland** gibt es die Möglichkeit ebenfalls (Adhäsionsverfahren). Man kann zwar den Antrag schon währen der strafrechtlichen Ermittlungen der Staatsanwaltschaft stellen, doch seine **verjährungshemmende Wirkung entfaltet der Antrag erst im Hauptverfahren** – also nach der Anklage. Eine Hemmung der Verjährung findet nämlich erst statt, wenn die Staatsanwaltschaft die Ermittlungsakte zum Gericht schickt und das Gericht die Anklage zulässt (siehe § 404 Abs. 2 Satz 1 und 2 StPO).

In Deutschland kann also ein Anschluss an das Ermittlungsverfahren gegen VW keine Verjährungshemmung mehr bewirken.

11.11 - Ausblick

Es ist möglich, dass VW nach dem Stichtag 31.12.2018 doch bereit ist, mit den Vertretern jener Käufer zu einem Vergleich zu verhandeln, die in irgendeiner Form ihre Ansprüche rechtzeitig geltend gemacht haben:

- Käufer und Aktionäre, die - uU mit Rechtschutzversicherung - selbst geklagt haben.

- Käufer und Aktionäre, die sich „Sammelklagen" (Musterfeststellungsklage, Einziehungsklage, Sammelklage nach österreichischem Recht) angeschlossen haben

- Käufer und Aktionäre, die sich in Österreich dem strafrechtlichen Ermittlungsverfahren als Privatbeteiligte angeschlossen haben.

Ein Rahmen für Vergleichsverhandlungen könnte die Möglichkeit eines Generalvergleiches in den Niederlanden sein.

Ansprüche gegen andere Autobauer werden in Zukunft - nach ähnlichem Schema - geltend gemacht werden.

Kapitel 12 - Anhang

12.1 - Kontaktadressen

12.1.1 - Deutschland

- **Bundesamt für Justiz**
  53094 Bonn, Adenauerallee 99 - 103
  Tel.: +49 228 99410-40
  Mail: post@bundesjustizamt.de-mail.de
  Web: www.bundesjustizamt.de

- **Oberlandesgericht Braunschweig**
  38100 Braunschweig, Bankplatz 6
  Tel.: +49 531 488-0
  Mail: olgbs-poststelle@justiz.niedersachsen.de
  (nicht für Eingaben!)
  Web: www.oberlandesgericht-braunschweig.niedersachsen.de

- **Kraftfahrt-Bundesamt (KBA)**
  24944 Flensburg, Fördestrasse 16
  Tel.: +49 461 316-0
  Mail: poststelle@kba.de-mail.de
  Web: www.kba.de

- **Verbraucherzentrale Bundesverband (vzbv)**
  10969 Berlin, Markgrafenstrasse 66
  Tel.: +49 30 25800-0
  Mail: info@vzbv.de
  Web: www.vzbv.de

- **MyRight**
  financialright GmbH
  Aktion VWC
  20548 Hamburg
  Tel.: 0800 6974448
  Mail: presse@myright.de
  Web: www.myright.de

- **Deutsche Umwelthilfe (DUH)**
  78315 Radolfzell, Fritz-Reichle-Ring 4
  Tel.: +49 7732 9995-0
  Mail: info@duh.de
  Web: www.duh.de

- **TILP Rechtsanwaltsgesellschaft mbH**
  (vertritt KapMuG-Klage gegen VW)
  72138 Kirchentellinsfurt, Einhornstrasse 21
  Tel.: +49 7121 90909-0
  Mail: info@tilp.de
  Web: www.tilp.de

- **baum reiter & collegen**
  (Aktion diesel-verhandlung.de)
  40597 Düsseldorf, Benrather Schlossallee 101
  Tel.: +49 211 836805-70
  Mail: kanzlei@baum-reiter.de
  Web: www.baum-reiter.de

12.1.2 - Österreich

- **Wirtschafts- und Korruptionsstaatsanwaltschaft**
  1030 Wien, Dampfschiffstrasse 4
  Tel.: +43 1 52152
  Mail:
  Web: https://www.justiz.gv.at/web2013/wksta/zentrale-staatsanwaltschaft-zur-verfolgung-von-wirtschaftsstrafsachen-und-korruption~2c9484853f386e94013f57e43e3a0bd8.de.html

- **Verein für Konsumenteninformation (VKI)**
  1060 Wien, Linke Wienzeile 18
  Tel.: +43 1 58877-0
  Mail: uwolf@vki.at
  Web: www.verbraucherrecht.at

- **Verbraucherschutzverein (VSV)**
  1030 Wien, Invalidenstrasse 1/8
  Tel.: +43 660 2002437
  Mail: himko@chello.at
  Web: www.verbraucherschutzverein.at
  www.davids-gegen-goliath.at

- **COBIN claims Plattform für Sammelklagen**
  1070 Wien, Burggasse 36
  Tel.: +43 1 3760031
  Mail: office@cobinclaims.at
  Web: www.cobinclaims.at

12.1.3 - Niederlande

- **Stichting Volkswagen Car Claim**
  3261LK Oud-Beijerland, Röntgenstraat 18
  Mail: info@stichtingvolkswagencarclaim.com
  Web: www.stichtingvolkswagencarclaim.com
  www.derclaim.nl

12.2 - Literaturhinweise

- *Jack Ewing,* Wachstum über alles, Droemer 2017
- *Peter Kolba,* Davids gegen Goliath – Der VW-Skandal und die Möglichkeit von Sammelklagen, mandelbaumverlag, Wien 2017
- *Georg Meck,* Auto – Macht – Geld, Die Geschichte der Familie Posche Piech, rowohlt, Berlin 2017
- *Mark C. Schneider,* Volkswagen – Eine deutsche Geschichte, Berlin Verlag, berlin 2016
- *Heiko Haupt,* Das Auto. Die Lüge – Die kriminellen Machenschaften von Volkswagen und der deutschen Autoindustrie, Redline Verlag, München 2016

12.3 – Web Sites

- *Lydia Ninz,* Blogg „Was mich bewegt“
  http://www.lydianinz.at
- *Peter Kolba,* Davids gegen Goliath
  http://www.davids-gegen-goliath.at
- Verbraucherschutzverein
  https://www.verbraucherschutzverein.at

Danksagung

Wir bedanken uns beim Vorstand „ÄrztInnen für eine gesunde Umwelt", namentlich bei OA Assoc. Prof. Priv.-Doz. Dipl.-Ing. Dr. med. Hans-Peter Hutter, dem stellvertretenden Leiter der Abteilung Umwelthygiene und Umweltmedizin am Zentrum für Public Health an der Medizinischen Universität Wien, Doz. Dr. med. Hanns Moshammer sowie Dr. med. Peter Wallner für ihre fachliche Unterstützung.

Wir bedanken uns vorrangig bei unseren Partnern, Mag. Barbara Himberger-Kolba und Univ. Prof. Dr. Helmut Kasper für Ihre liebvolle Geduld während unserer intensiven Arbeit und für das aufmerksame Gegenlesen unserer Texte.